Rechtliche Angaben

© 2023

Autor und Herausgeber: M.Eng. Johannes Wild

A94689H39927F

E-Mail: 3dtech@gmx.de

Das vollständige Impressum des Buches ist auf den letzten Seiten zu finden!

Dieses Werk ist urheberrechtlich geschützt

Vorwort

Herzlichen Dank, dass du dich für dieses Buch entschieden hast!

Wenn du auf der Suche nach einem Praxisratgeber für das kinderleichte und sehr vielseitige und zudem noch <u>kostenlose</u> Programm Tinkercad von Autodesk bist, dann war es die richtige Entscheidung und du bist mit diesem Buch: "Tinkercad | Schritt für Schritt" bestens beraten! Ich bin Ingenieur (M.Eng.) und möchte dir die Themen CAD-Konstruktion, Elektronik und Programmierung anhand der genialen Software Tinkercad einfach erklärt näherbringen. Du wirst in diesem Buch sowohl die theoretischen Grundlagen für die Erstellung von 3D-Objekten, für den Entwurf elektronischer Schaltungen und für die Programmierung, erlernen. Dieses Buch bietet dir also eine vollständige, gut verständliche und intuitiv aufgebaute Einführung in die Welt von Tinkercad! Egal in welchem Alter du bist, ob du noch zur Schule gehst, ob du bereits Erwachsen bist, ob du Student oder Rentner bist. Die Software ist fantastisch und von jeder Altersgruppe zu bedienen.

Nach einer Einführung zur jeweiligen Arbeitsumgebung und zum Umgang mit den Funktionen und Tools der Software, werden wir in diesem Kurs 3D-Objekte erstellen, elektronische Schaltungen entwerfen und die blockbasierte Programmierung erlernen. Anhand zahlreicher praktischer Beispielprojekte und unzähligen farbigen Abbildungen wirst du Schritt für Schritt und im Detail durch die tollen Möglichkeiten von Tinkercad geführt. Dieses Grundlagen-Buch richtet sich speziell an alle, die noch keine Vorkenntnisse mit der Software Tinkercad von Autodesk haben und sich gerne ohne Vorkenntnisse mit einem der Themen: CAD-Konstruktion, Elektronik oder Programmierung befassen möchten oder müssen.

In diesem Grundkurs lernst du alles, was du als Anfänger über die Bedienung und die Funktionen von Tinkercad wissen musst! Wirf am besten einen Blick ins Buch und hole dir dein Exemplar als Ebook oder Taschenbuch nach Hause!

Inhaltsverzeichnis

1 Einführung: Kurs und Lernumfang

Was dich in diesem Buch erwartet und was du lernen wirst

In diesem Tinkercad Einsteiger Ratgeber findest du eine Einführung in die Themen: CAD-Konstruktion, Elektronik und Programmierung in Theorie und Praxis. Schritt für Schritt teile ich als Ingenieur mit dir mein Wissen aus Studium und beruflicher Praxis, sodass du einerseits mit theoretischen Grundlagen, andererseits aber vor allem auch mit praktischen Beispielen einen optimalen Lernerfolg haben wirst. In den ersten Kapiteln erwartet dich zunächst Hintergrundwissen zur Software Tinkercad, dann starten wir mit der Erstellung von 3D-Objekten (CAD-Konstruktion), anschließend entwerfen wir elektronische Schaltungen und zuletzt erlernen wir noch das blockbasierte Programmieren. Es ist hier also eine Menge geboten!

In diesem Kurs, der sich speziell an Anfänger richtet, wirst du alle Grundlagen für den erfolgreichen Umgang mit Tinkercad erlernen.

Kurz zusammengefasst wirst du in diesem Kurs Folgendes im Detail lernen:

- Den Aufbau der Software Tinkercad und dessen Funktionen und Tools

- Die Arbeitsumgebung "3D Designs" und "Codeblocks" zu bedienen, um damit 3D-Objekte zu erstellen (CAD)

- Die Arbeitsumgebung "Circuits" zu bedienen, um damit elektronische Schaltungen zu erstellen

- Die blockbasierte Programmierung für den Mini-PC Arduino anzuwenden

- Zahlreiche Beispielprojekte wie z.B. Smartphone-Hülle, Schraubenschlüssel, Licht gesteuerter Motor, temperaturgesteuerte LED, und vieles mehr.

2 Was ist Tinkercad? Die ersten Schritte

Tinkercad ist eine Onlineplattform der Firma Autodesk, auf der man Projekte technischer Art verwirklichen kann. In dem Begriff Tinkercad steckt bereits die Abkürzung CAD, welche für "Computer-Aided Design" steht. Mithilfe von CAD-Software kann man 3D-Modelle und Objekte erstellen. Der Begriff "Tinker" ist Englisch und bedeutet so viel, wie basteln oder tüfteln. Diese Software richtet sich also vor allem an Bastler, Tüftler oder Maker, die mithilfe der modernen Möglichkeiten eines PCs Ihre Projekte – auch in der analogen Welt – Wirklichkeit werden lassen wollen.

Tinkercad bietet eine intuitive und einfache Plattform für die Erstellung von 3D-Modellen. Diese 3D-Modelle kann man dann z.B. auch mit einem 3D-Drucker ausdrucken, um diese in reale Objekte zu verwandeln. Mit Tinkercad kann man aber nicht nur konstruieren oder Objekte erstellen, sondern die Plattform bietet auch die Möglichkeit, dass man sich mit elektronischen Schaltungen und dem Mini-PC Arduino beschäftigt. Auf spielerische Weise kann man dadurch in die Welt der Elektronik eintauchen und sich kinderleicht neue Fähigkeiten aneignen. Neben der Möglichkeit 3D-Objekte zu konstruieren und elektronische Schaltungen zu entwerfen, kann man als dritte Möglichkeit auf Tinkercad auch noch das Programmieren lernen. Hierfür kann man auf Tinkercad die blockbasierte Programmierung nutzen und sich so auf einfache Art und Weise mit diesem Gebiet vertraut machen. Was die blockbasierte Programmierung ist und wie man damit und mit den anderen Funktionen von Tinkercad umgeht, werden wir uns in diesem Kurs Schritt für Schritt und im Detail gemeinsam ansehen. Tinkercad kann also als ideale Plattform für einen einfachen und schnellen Einstieg in die Themen: CAD-Konstruktion, Entwurf elektronischer Schaltungen und Programmierung gesehen werden. Das sind auch die Kernthemen dieses Kurses. Wir werden uns diese drei Themen in den folgenden Kapiteln im Detail ansehen.

Da Tinkercad eine Onlinesoftware ist, kann und muss man nichts downloaden, sondern man kann einfach im bevorzugten Browser arbeiten. Zudem ist Tinkercad kostenlos nutzbar. Als Zielgruppe von Tinkercad lassen sich anhand der Erscheinungsform vor allem Kinder und Jugendliche ausmachen. Meines Erachtens ist das Programm aber auch für Erwachsene sehr gut geeignet, vor allem wenn man ein Anfänger ist. Gerade diese Einfachheit bietet viele Vorteile und schnelle Erfolge im Umgang mit der Erstellung von 3D-Objekten oder elektronischen Schaltungen.

Alle Projekte werden in der Cloud gespeichert und so hat man von überall mit einem Computer, Handy oder Tablet über das Internet Zugriff darauf.

Tinkercad ist, zumindest im Bereich der CAD-Konstruktion, nur für relativ einfache Objekte und Anwendungen ausgelegt. Das ist für diesen Einsteigerkurs und für alle Anfänger auch in Ordnung. Wenn du dich für die Konstruktion von fortgeschritteneren Modellen interessierst, empfehle ich dir, dass du dich auch auf jeden Fall mit dem für Privatanwender ebenfalls kostenlosen CAD-Programm "Fusion 360" von Autodesk und dem dazugehörigen Kurs "Fusion 360 | Schritt für Schritt" von mir beschäftigst.

Einen Account erstellen und loslegen

Bevor wir mit dem Konstruieren, Programmieren und Erstellen von Schaltungen loslegen können, müssen wir zuerst einen Account auf der Website www.tinkercad.com erstellen. Das machen wir, indem wir oben rechts den Button "Sign Up" auswählen. Falls wir bereits einen Account bei Autodesk haben, können wir auch diesen für den Log-in benutzen (dann auf "Log In" klicken). Es öffnet sich dann eine Seite, auf welcher wir auswählen können, ob wir als Schüler oder Student einer Klasse beitreten möchten, oder aber einen eigenen persönlichen Account erstellen möchten. In unserem Fall möchten wir einen eigenen Account erstellen. Du kannst dich dann entweder mit einem Google-Account oder Apple-Account oder auch - ganz klassisch - mit einer E-Mail-Adresse registrieren.

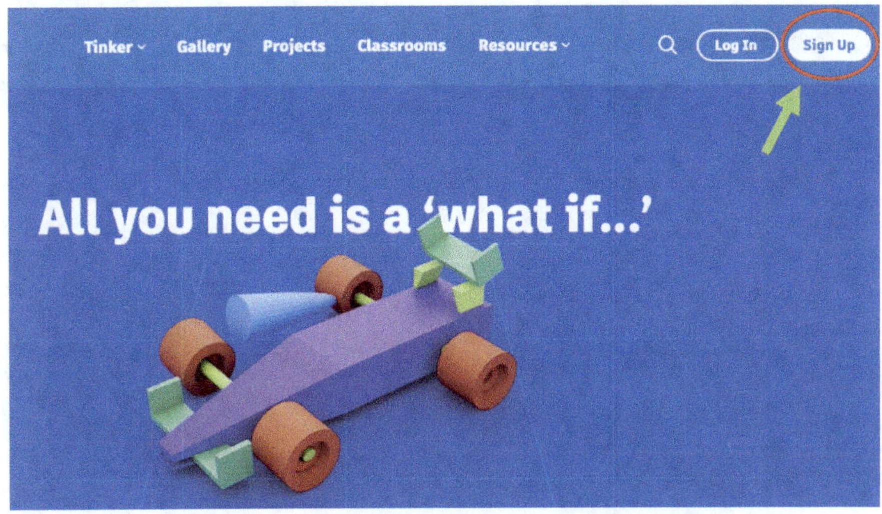

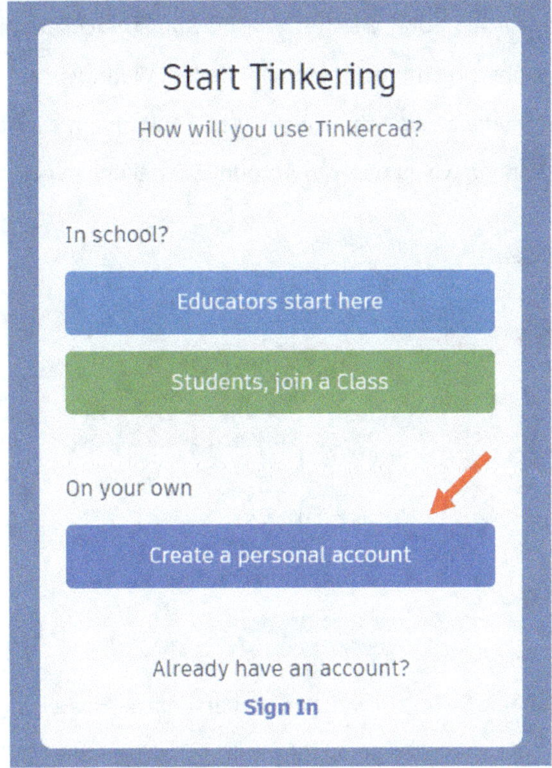

Sobald wir uns angemeldet haben, erscheint die Startseite unseres Accounts in Tinkercad.

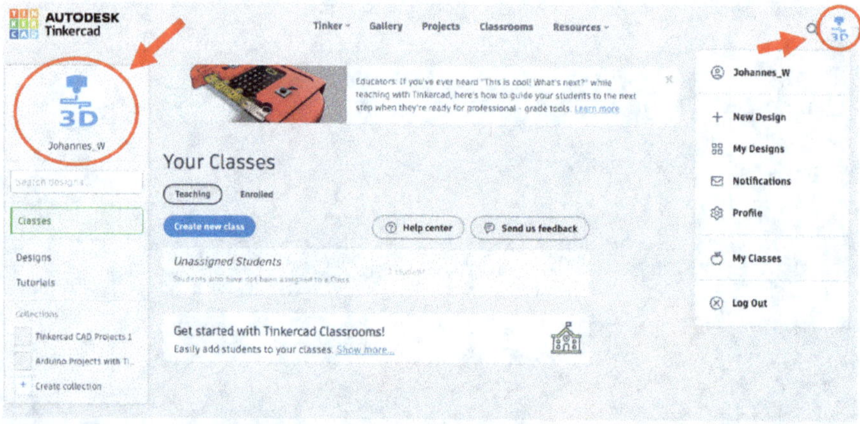

Sehen wir uns hierzu kurz an, wie diese Startseite aufgebaut ist, damit wir uns im Folgenden gut zurechtfinden. Im linken Bereich befindet sich unser Account Name und ein Bereich für ein Foto, welches wir individuell hochladen können. Dieses finden wir auch oben rechts noch einmal wieder. Wenn wir auf das Foto oben rechts klicken, öffnet sich ein Schnellwahl-Menü. Mit einem Klick auf das Foto im linken Bereich, können wir zu unseren Account-Einstellungen gelangen.

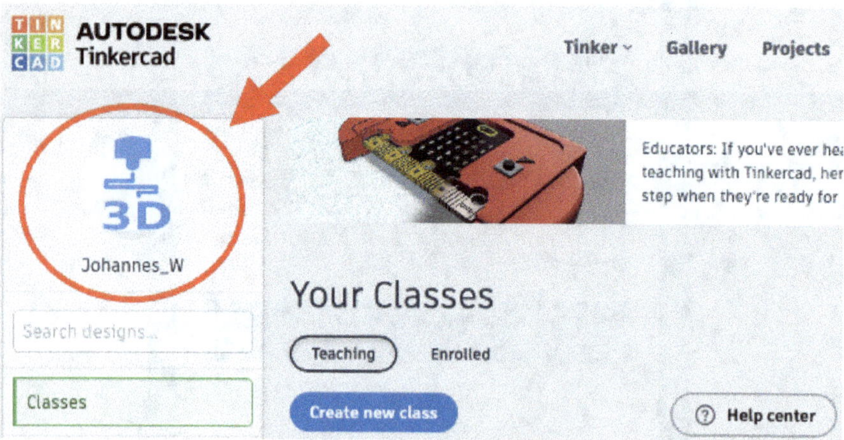

Wir gelangen auf eine Seite, auf welcher wir persönliche Einstellungen vornehmen können. Wenn links oben "Personal Information" ausgewählt ist, können wir auf dieser Seite ein Bild oder Logo hochladen, sowie unseren Usernamen ändern, als auch andere Einstellungen vornehmen. Diese Einstellungen können, je nach

Einstellungen der Privatsphäre, wie auf anderen sozialen Netzwerken auch von anderen Benutzern gesehen werden. Um Änderungen zu speichern, nutzen wir den Button "Save Changes" rechts unten.

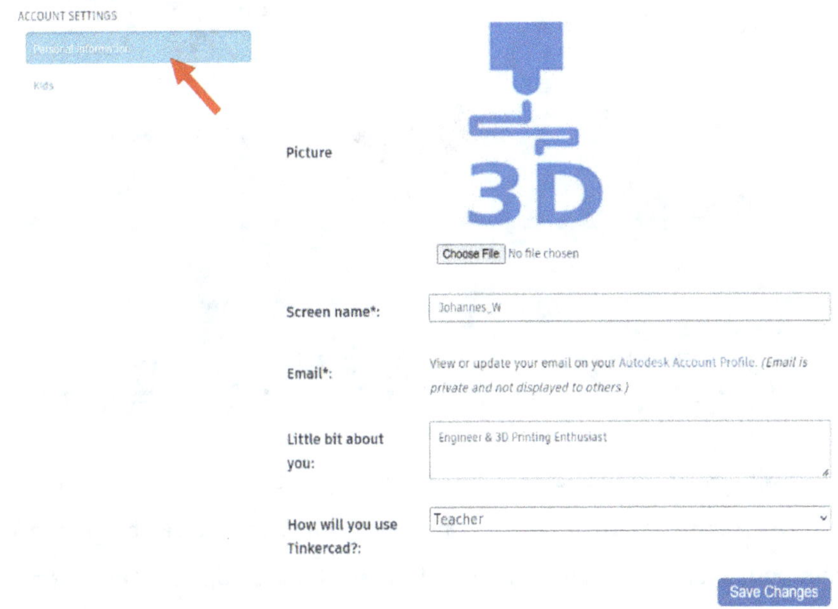

Mit einem Klick auf das Tinkercad-Logo links oben, kommen wir dann wieder zurück auf die Startseite unseres Accounts. Hier gibt es auf der linken Seite, unterhalb der Account-Informationen, die Bereiche "Classes", "Designs", "Tutorials" und "Collections".

Wenn wir auf den Button "Designs" klicken, werden alle von uns erstellten Dateien aufgelistet. Falls du noch nichts erstellt hast, wird im mittleren Bereich auch nichts angezeigt. Mit einem Klick auf den Button "+ New", der sich oben rechts befindet, können wir eine neue Datei erstellen. Hier haben wir die Auswahl zwischen "3D Design" (Konstruktion), "Circuit" (Schaltungen) und "Codeblocks" (Programmierung).

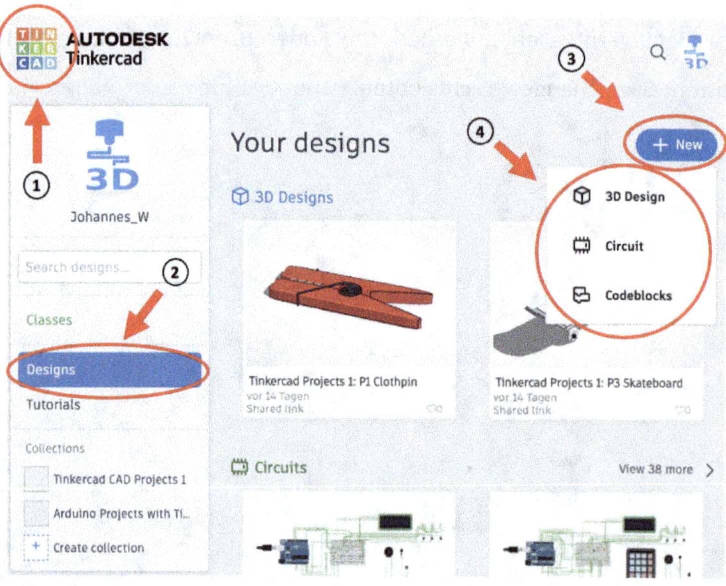

Sehen wir uns ein Beispiel-Design an. Lass dich von dem komischen Namen nicht verwirren, den habe nicht ich ausgesucht, sondern Tinkercad vergibt beim Erstellen eines Designs diese lustigen Namen (z.B. Exquisite Lahdi-Jofo). Den Namen können wir aber auch abändern. Im unteren Bereich des erstellten Designs sehen wir, zu welchem Zeitpunkt wir das Objekt erstellt haben, welche Sichtbarkeit es hat ("Private" = nur der Account-Benutzer kann es sehen; "Public" = alle Nutzer von Tinkercad können es sehen) und wie viele "Likes" bzw. Reaktionen von anderen Nutzern es hat (kleines Herzsymbol unten rechts).

Wenn man sich nun mit der Computermaus über das Bild des Designs bewegt, dann erscheinen zwei Möglichkeiten. Zum einen oben links der Button "Tinker this", was so viel wie "daran herumbasteln" bedeutet, und oben rechts ein kleines Zahnrad. Mit dem Button "Tinker this", öffnet man das Design und kann es dann bearbeiten, das sehen wir uns gleich an. Zuvor klicken wir jedoch auf das Zahnrad, mit dem wir die allgemeinen Einstellungen zu diesem Design vornehmen können. Bei einem Klick darauf, öffnet sich zuerst ein Auswahlmenü mit den Optionen: "Properties", "Duplicate", "Add to Class Activity...", "Add to Collection...", "Delete". Mit "Duplicate" kann man das Design verdoppeln, also kopieren, mit "Delete" kann man es löschen. Wir möchten uns nun noch "Properties" genauer ansehen und wählen es deshalb aus.

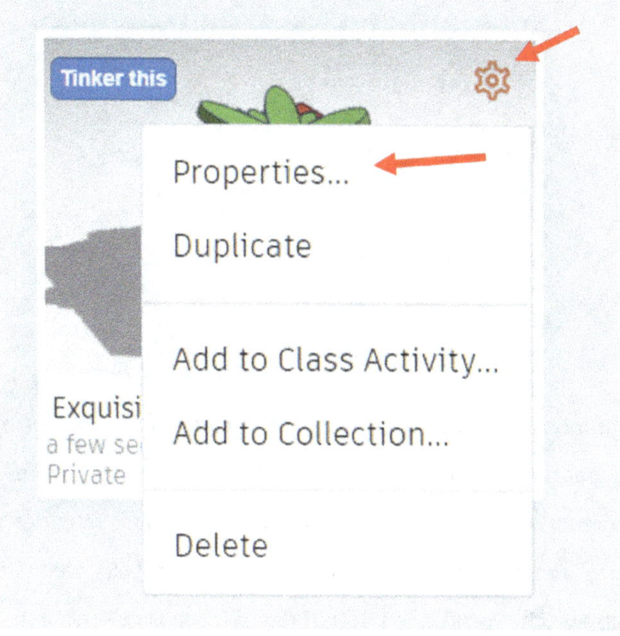

Es öffnet sich ein Pop-up-Fenster, in welchem wir den Namen des Designs abändern können und unter anderem eine Beschreibung und Stichwörter hinzufügen können, damit es von uns und anderen Nutzern gefunden werden kann.

Design name

Exquisite Lahdi-Jofo

Design description

description to your design.

Tags (10 maximum)

Enter tag(s) here separated by commas. Press Enter to add a tag

Privacy

Please read our Be Nice Policy before sharing your design with
our community.

Private

Not publicly listed, visible only to you

License

Attribution-ShareAlike 3.0(CC-BY-SA 3.0)

This license lets others remix, tweak, and build upon your work
even for commercial purposes, as long as they credit you and
license their new creations under the identical terms. More info
on Creative Commons licenses

Falls wir nicht möchten, dass unser Design öffentlich auf der Plattform sichtbar ist,
können wir das im Bereich "Privacy" einstellen. Neben "Private", also nicht
öffentlich sichtbar, kann man auch "Public" einstellen, falls man das Design auch
anderen Nutzern zeigen möchte. Probiere es ruhig einmal aus, wenn du dich traust
und warte ab, welche Reaktionen du auf deine Designs in Form von "Likes" bzw.
"Gefällt mir"-Angaben erhältst. Im unteren Bereich findet man zudem noch den
Abschnitt "License", in welchem man als Urheber eines Designs, eine sogenannte
"Creative Commons Lizenz" an andere Benutzer vergeben kann und anderen
Menschen damit auf unkomplizierte Art und Weise bestimmte Nutzungsrechte

einräumen kann, wenn man möchte. Es gibt verschiedene Lizenzen. So ist je nach Lizenz z. B. nur die Verwendung für private Zwecke erlaubt, bei einer anderen Lizenz das Teilen und Verändern des Werks ausdrücklich gewünscht und wiederum bei einer anderen sogar die gewerbliche Verwendung des Werks gestattet. Meist ist auch eine Namensnennung des Urhebers bei einer öffentlichen Verwendung des jeweiligen Objekts vorgesehen. Hier muss je nach Lizenz auf den Namen des Urhebers verwiesen werden, oder bei einer gestatteten Weiterverbreitung oder Darstellung des Werks ein Link gesetzt werden. Die genauen Konditionen zu den Lizenzen findest du unter www.creativecommons.org. Mit dem Button "Save changes" im unteren Bereich können wir die Änderungen dann speichern und kommen zur Startseite zurück.

Wenn wir nun direkt in das Bild des Designs klicken, öffnet sich ein Übersichtsfenster, in welchem wir mit "Tinker this" noch einmal die Möglichkeit haben es zu bearbeiten, oder zu downloaden oder uns in einem 3D-Viewer mit "View in 3D" in einer Art Vorschau anzeigen lassen können. Wir können hier auch ein weiteres Bild davon, z.B. wenn wir das Objekt ausgedruckt haben, hinzufügen. Zudem können wir oben rechts auf das Design mit verschiedenen

Auswahlmöglichkeiten darauf reagieren und unser Wohlwollen gegenüber dem Designer zeigen. Das macht natürlich nur bei Designs von anderen Tinkercad Nutzern Sinn. Wenn du Reaktionen möchtest, musst du das Design in den Einstellungen auf "Public" stellen und mit einer aussagekräftigen Beschreibung und Stichwörtern versehen, sodass es auch gefunden werden kann.

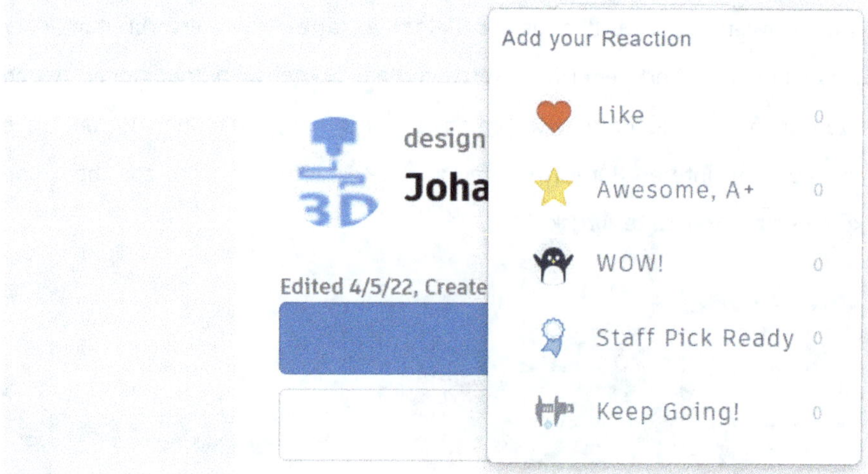

Klicken wir auf den Button "Tinker This", können wir die 3D-Design Umgebung öffnen, in welcher das Objekt erstellt und bearbeitet wird.

Wie das funktioniert, sehen wir uns im nächsten Kapitel an! Los geht's!

3 CAD-Konstruktion mit Tinkercad

3.1 Grundlegende Informationen zur CAD-Konstruktion

Normalerweise wird ein CAD-Objekt in einer professionellen CAD-Software, wie z.B. in SolidWorks, Inventor, oder CATIA als 2D-Skizze begonnen. Aus einer Skizze im zweidimensionalen Raum (x und y-Achse bilden eine Ebene), entsteht dann mit verschiedenen Features und Tools ein 3D-Objekt. Für einen Zylinder würde man in diesen Programmen z.B. als 2D-Skizze die Deckfläche, also einen zweidimensionalen Kreis, auf eine Ebene zeichnen und diesen anschließend im 3D-Modus in einen Zylinder verwandeln.

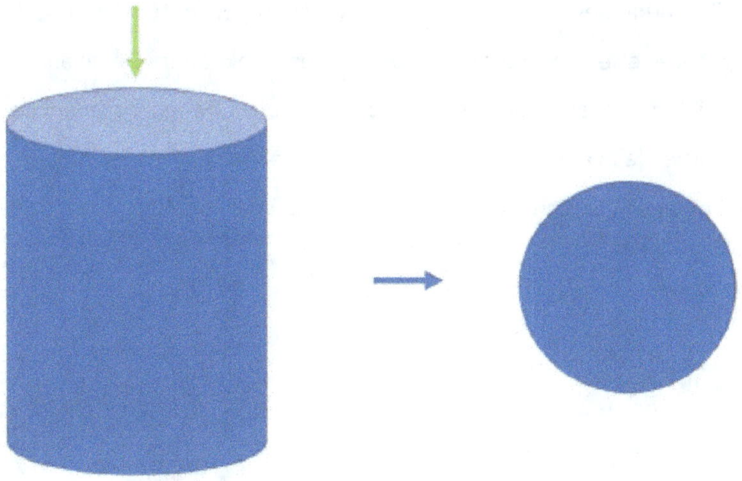

Diese Art der CAD-Konstruktion wird (nicht nur) von professionellen Anwendern, wie Ingenieuren oder Technikern, im Berufsalltag verwendet. Da die zuvor genannten Programme meist mehrere tausend Euro pro Jahr kosten, ist dies für gelegentliche Privatanwender jedoch keine Option. Eine gute und kostenlose Alternative stellt z.B. die Lizenz für Privatanwender für das Programm Fusion 360 von Autodesk dar. Hier ist der Funktionsumfang sehr umfangreich und fast vergleichbar mit professionellen CAD-Lizenzen. Die Anwendung von Fusion 360 ist jedoch deutlich komplexer und mit mehreren Schritten verbunden. Wenn man noch nie etwas von der CAD-Konstruktion gehört hat, sowie nur gelegentlich und auch nur sehr einfache Objekte konstruieren möchte, lohnt sich der Einstieg in ein komplexes Programm oftmals nicht. In diesem Fall sollte man sich zuerst mit Tinkercad befassen. Tinkercad ist nämlich ideal für den Einstieg in die Welt der 3D-Objekt-Erstellung und bietet durch die extrem einfache Handhabung, schnelle Lernerfolge und eine kinderleichte Konstruktion von Objekten.

Im Gegensatz zu professionellen CAD-Programmen, erstellt man in Tinkercad ein 3D-Objekt nicht aus einer 2D-Skizze mithilfe von 3D-Tools, sondern aus einfachen, bereits vorhandenen 3D-Grundkörpern, den sogenannten "Basic Shapes". Die Vorgehensweise dazu werden wir uns in dieser Lektion im Detail ansehen. Damit wir das tun können, möchten wir zuerst ein neues Design erstellen. Das machen wir ganz einfach auf der Startseite mithilfe des Buttons "+ New" und der Auswahl der Option "3D Design". Wir müssen uns dazu im linken Bereich im Tab "Designs" befinden.

3.2 Arbeitsumgebung: "3D Design"

Sobald wir ein neues 3D-Design erstellt haben, öffnet sich der Arbeitsbereich für die Erstellung und Modifizierung von 3D-Objekten.

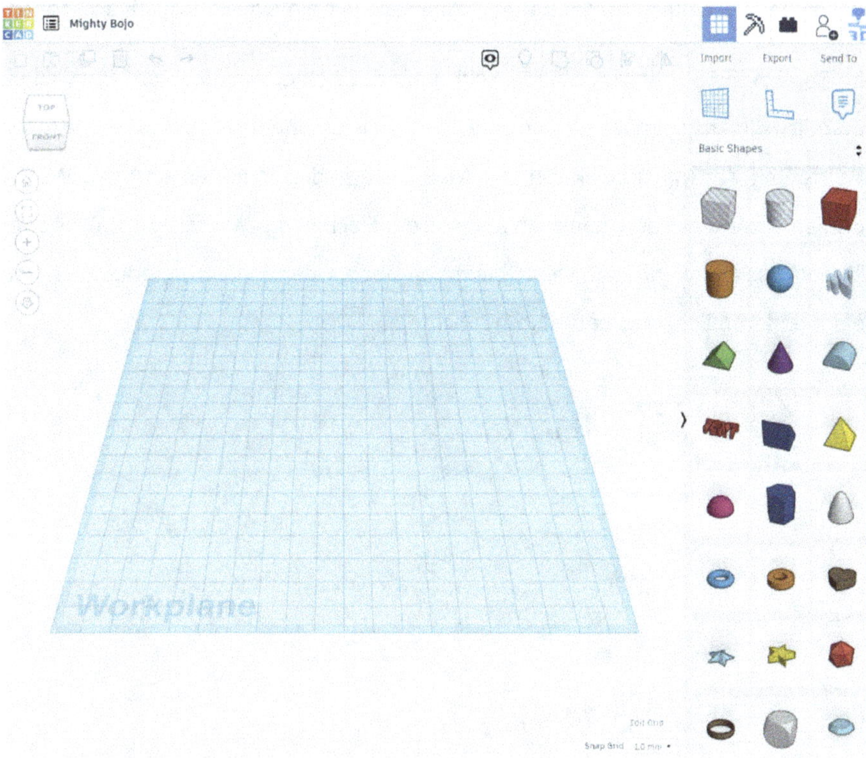

Bevor wir unser erstes Objekt erstellen und dann zu verschiedenen CAD-Projekten kommen, die wir Schritt für Schritt gemeinsam konstruieren werden, werfen wir zunächst einen Blick auf die Arbeitsumgebung und dessen Funktionen.

Der hellblaue Rasterbereich mit der Aufschrift "Workplane" ist unsere Arbeitsebene, auf der wir unsere 3D-Modelle aufbauen. Stelle es dir ganz einfach wie einen Arbeitstisch vor, auf dem du Modelle hinstellst und modellierst. Mithilfe der Computermaus kann man diese Ebene drehen und zoomen. Zum Zoomen verwenden wir wie üblich das Mausrad. Zum Drehen der Ebene in eine beliebige Richtung und Ansicht müssen wir die rechte Maustaste gedrückt halten und gleichzeitig eine Bewegung mit der Maus machen. Und wenn wir das Mausrad gedrückt halten und gleichzeitig die Maus bewegen, dann können wir die Ebene verschieben. Wenn wir die linke Maustaste gedrückt halten und die Maus bewegen, erscheint ein roter Rahmen, mit dem wir ein Objekt auswählen können.

Im Bereich auf der linken, oberen Seite befindet sich ein kleiner Würfel, mit dem man sich die Ansicht auch so hindrehen kann, wie es einem passt. Dazu einfach den Würfel mit der Maus anklicken, die Maustaste gedrückt halten und den Würfel drehen. Alternativ kann man auch auf eine der Flächen des Würfels, z.B. "Top" oder "Front" klicken, wenn man sein Objekt von oben, oder von vorne, oder auch von einer anderen Seite aus betrachten möchte.

Unterhalb des Würfels befindet sich eine Leiste, mit der man ebenfalls nochmals die Ausrichtung der Ansicht steuern kann. Mit einem Klick auf das kleine Haus-Symbol, kann man zu einer definierten Ansicht, der "Home view", wechseln.

Mit dem Rechtecksymbol, das sich darunter befindet, kann man alle Objekte in eine Ansicht einpassen ("Fit all in View"). Das ist aber erst interessant, wenn man größere Objekte erstellt hat. Die Symbole für + und - dienen zum Zoom. Und mit dem Symbol darunter kann man die Ansicht zwischen "orthographic" und "perspective" umstellen. Was das genau bedeutet, kannst du am besten durch Ausprobieren erkennen.

Jetzt ist es an der Zeit, unser erstes 3D-Objekt zu erstellen. Dieses 3D-Objekt wird zunächst einfach nur ein Würfel sein, damit wir noch die weiteren Einstellungsmöglichkeiten und Funktionsweisen der Arbeitsumgebung kennenlernen können. Später werden wir dann ein paar komplexere Objekte erstellen.

Um ein Objekt zu erstellen, können wir mit den bereits vorhandenen Objekten arbeiten. Einfache Objekte, finden wir im Auswahlmenü "Basic Shapes". Um ein Objekt auf der Arbeitsebene zu platzieren, klicken wir einfach ein Objekt, z.B. den roten Würfel, an, und bewegen uns dann auf der hellblauen Ebene. Mit einem Klick können wir den Würfel an der für uns richtigen Position absetzen bzw. erstellen. Falls das Auswahlmenü auf der rechten Seite übrigens nicht angezeigt wird, ist es ausgeblendet. Mit einem Klick auf den kleinen Pfeil ganz rechts in der Mitte kann man es wieder einblenden.

Wenn du auf den kleinen Stern oben rechts klickst, wird die Form deinen Favoriten zugeordnet. Du kannst deine Lieblingsformen auf diese Weise schneller finden.

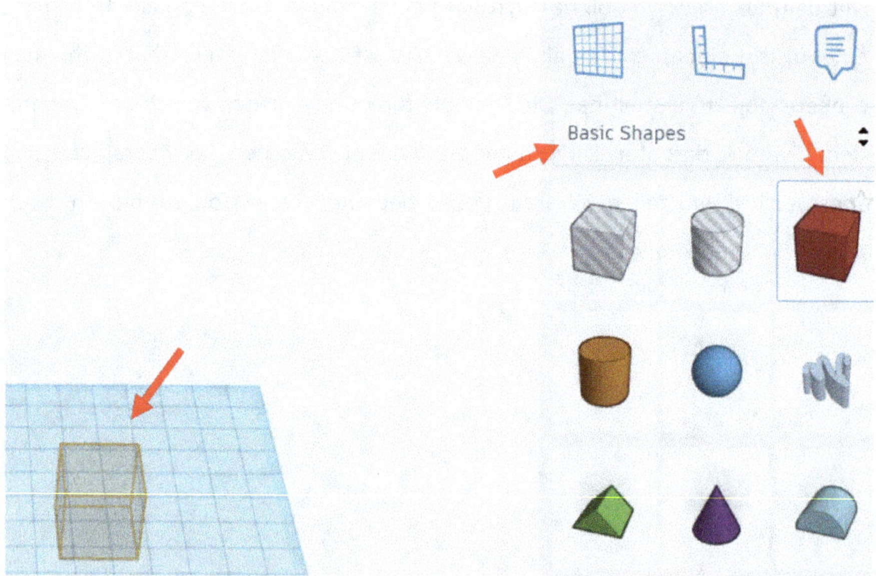

Sobald wir den Würfel oder eine andere Form platziert haben, öffnen sich die Einstellungen für das Objekt.

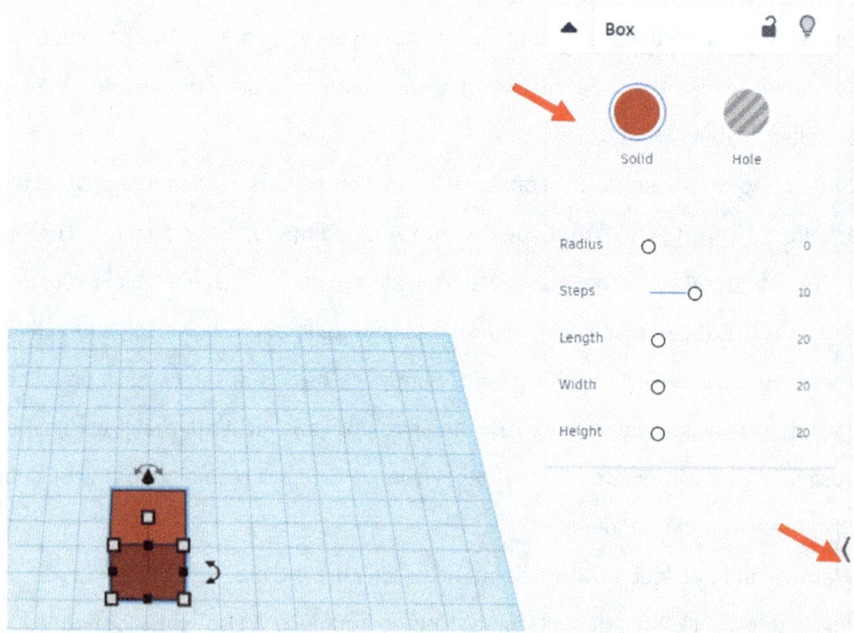

In den Einstellungen kann man zum einen definieren, ob es sich um ein hinzufügendes Objekt ("solid") oder ein abziehendes Objekt ("hole") handeln soll. Der Unterschied liegt darin, dass man mit "solid" Material in Form des Objekts zu einem anderen Objekt hinzufügen kann und mit "hole" Material in Form des Objekts von einem anderen Objekt wegnehmen kann. Was das genau bedeutet und wie man sich das vorstellen kann, sehen wir uns gleich später noch im Detail an einem Beispiel an. Machen wir aber zuerst noch weiter mit den anderen Einstellungsmöglichkeiten. Man kann z.B. auch bestimmen, ob das Objekt bzw. dessen Kanten einen Radius (Kanten verrundet) haben sollen und wie lang, wie breit und wie hoch das Objekt sein soll. Probiere einfach alle Regler einmal aus und sieh zu, was passiert. Im rechten, oberen Bereich, kann man mit dem Schloss-Symbol das Objekt vor einer weiteren Bearbeitung schützen, indem man es mit einem Klick darauf sperrt oder wieder zur Bearbeitung freigeben, indem man es entsperrt. Mit dem Glühbirnen-Symbol kann man das Objekt verschwinden lassen.

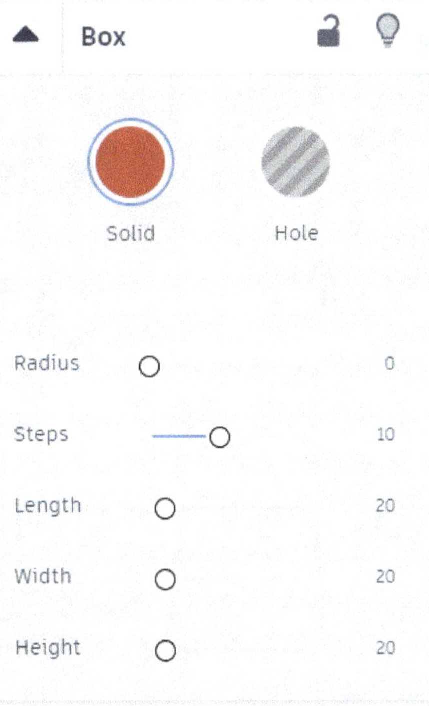

Bevor wir uns mit anderen Formen beschäftigen, werfen wir noch einen Blick auf drei Tools, die sich oberhalb der Formen befinden.

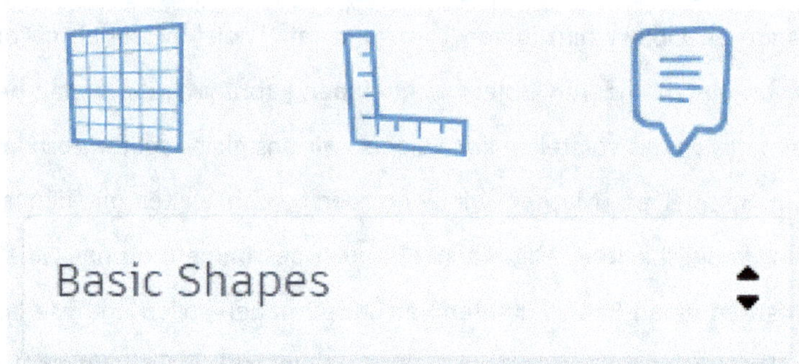

Hierbei handelt es sich um das "Workplane tool" (links), das "Ruler Tool" (Mitte) und das "Notes tool" (rechts). Mit dem "Workplane tool" kann man eine zweite Arbeitsebene erschaffen. Dazu klickt man es einfach an und platziert es z.B. auf der Oberseite unseres Würfels.

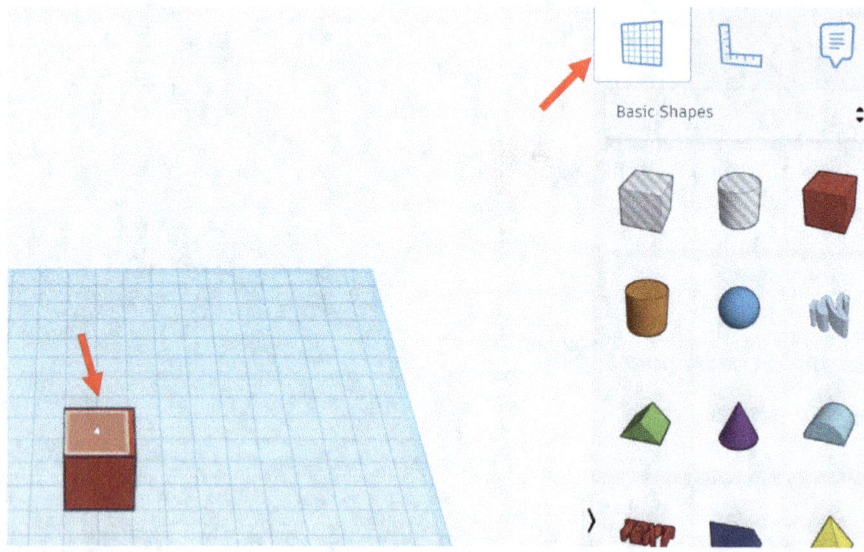

Man erhält dadurch eine zweite Arbeitsebene. Die zweite Ebene ist parallel zur angeklickten Fläche (Würfeloberfläche) und durch einen Abstand zur ersten Ebene versetzt. Wir haben hier z.B. die Oberfläche des Würfels angeklickt, das bedeutet, dass der Abstand eine Würfelhöhe beträgt. Überlege und probiere auch einmal aus, was passiert, wenn du die Seitenfläche des Würfels anklickst!

Auf dieser zweiten Arbeitsebene könnte man dann z.B. einen weiteren Würfel platzieren.

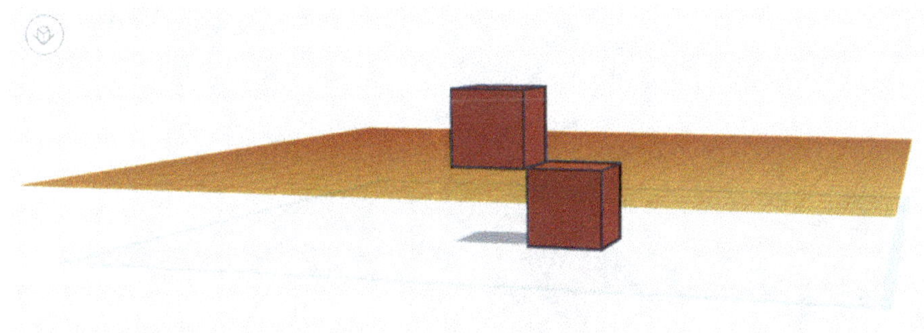

Mit dem "Ruler tool" kann man ein Lineal platzieren. Einfach anklicken, zur Arbeitsebene bewegen und einen Ursprung für die Platzierung des Tools auswählen.

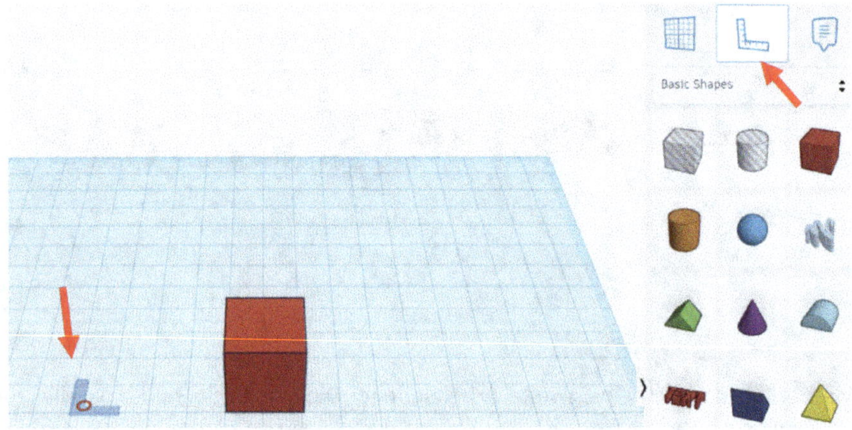

Es erscheint dann ein Koordinatensystem, mit dem man die Abmessungen erkennen kann, wenn man ein Objekt (durch Anklicken) auswählt.

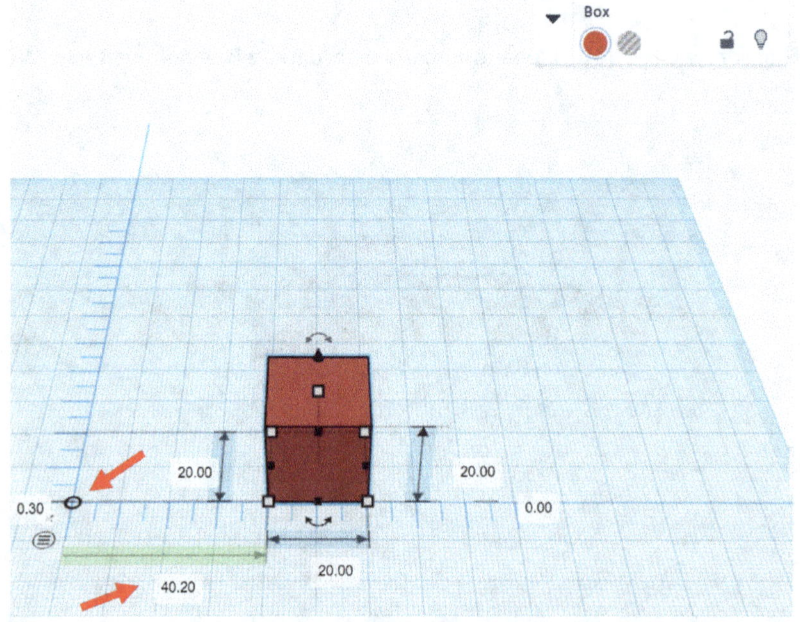

Der Abstand zum Ursprung des Koordinatensystems bzw. des "Ruler tool" beträgt hier z.B. 40,2 mm. Zudem ist die Kantenlänge des Würfels mit 20 mm ablesbar. Mit einem Klick auf den Ursprung (Kreis) des "Ruler tool" kann man dieses übrigens spiegeln (einfach ausprobieren). Die Maßangaben sind hier immer in "mm" (Umrechnung in cm: Wert in mm * 0,1 = Wert in cm).

Mit dem "Notes tool" lässt sich zuletzt noch eine Notiz erstellen, das ist aber sehr selbsterklärend (einfach auf die Arbeitsebene klicken und Text eingeben).

Wenn man im rechten, unteren Bereich auf "Edit Grid" klickt, kann man übrigens Einstellungen zur Arbeitsebene ("Workplane") vornehmen. Man kann hier die Einheiten abändern, es wird aber empfohlen diese mit "Milimeters" zu belassen. Zudem kann man hier die Größe der Arbeitsebene einstellen. Momentan ist diese 200 mm breit und 200 mm lang. Unter "Presets" lassen sich die Voreinstellungen bestimmter Geräte, wie z.B. 3D-Drucker übernehmen. Das ergibt Sinn, wenn man das Objekt später ausdrucken möchte.

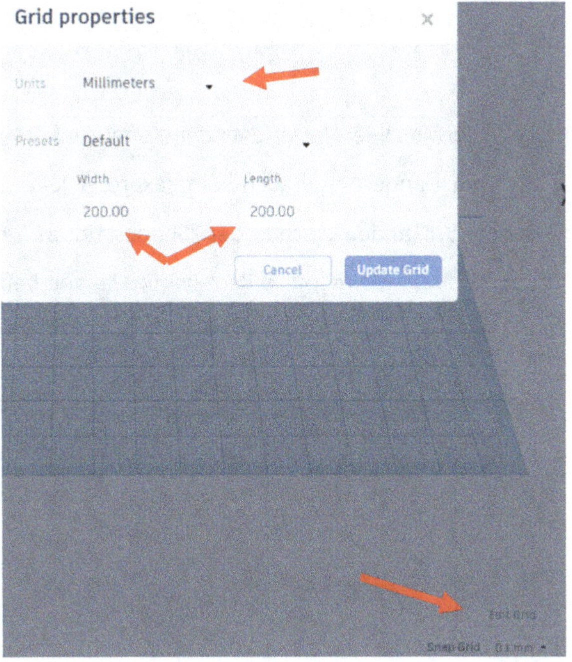

Im Auswahlmenü von "Snap Grid" (unterhalb von "Edit Grid"; rechts unten) lässt sich einstellen, in welchen Schritten sich die Objekte in Bezug das Raster der Arbeitsebene bei einer Verschiebung bewegen sollen. Je niedriger dieser Wert eingestellt ist, desto feiner kann man ein Objekt verschieben. In unserem Fall z.B. in 0,1 mm Abständen, also genau um eines der kleinen Kästchen des Rasters. Falls wir komplett losgelöst verschieben möchten, können wir hier auch "Off" einstellen und sind dann nicht an die Kästchen des Rasters gebunden.

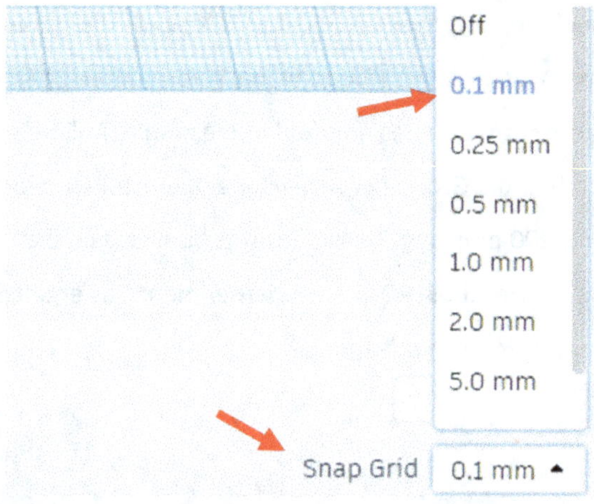

Neben den einfachen Formen wie Würfel, Zylinder, Kugel, Kegel, Pyramide und so weiter, gibt es auch noch andere und auch komplexere Objekte, mit denen wir sofort basteln können. Wir finden diese in der "Shapes Library", die wir einfach durch einen Klick auf das Auswahlmenü, in dem wir uns zurzeit befinden, also z.B. "Basic Shapes", öffnen.

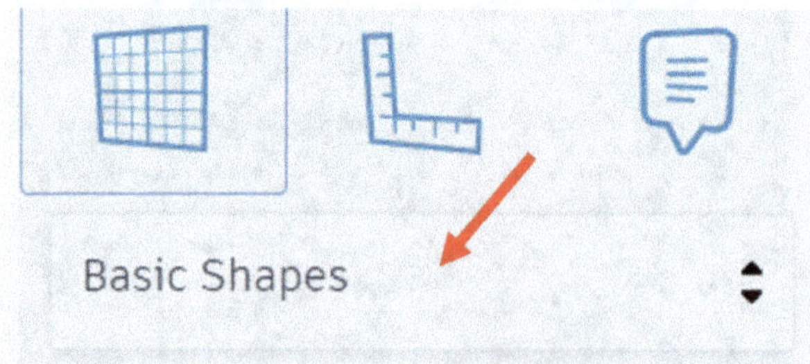

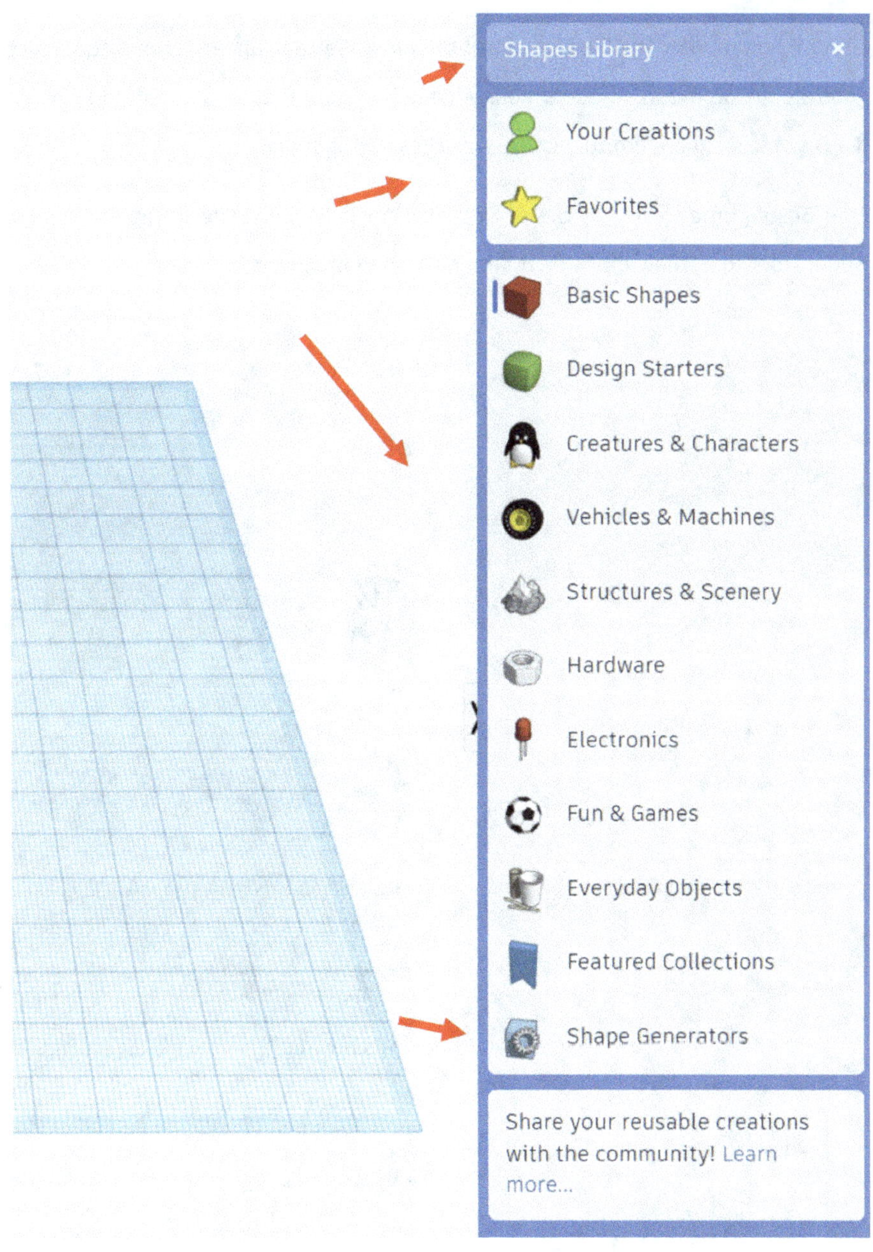

Hier finden wir im oberen Bereich das Menü für unsere eigenen gespeicherten Kreationen sowie das Menü für die als Favoriten markierten Objekte.

Zudem findet man im Bereich darunter eine Vielzahl an anderen kategorisch geordneten Objekten. Klicke am besten alle Kategorien einmal durch und sieh dir die Objekte dazu an, um zu wissen, was alles verfügbar ist.

Eine Besonderheit stellt in diesem Bereich noch die unterste Kategorie "Shape Generators" dar, die wir uns jetzt näher ansehen möchten.

In dieser Kategorie kann man eigene Formen anhand von bereits vorhandenen Objekten erstellen, indem man diese abändert. So kann man z.B. mit der Auswahl "Featured" ein gebogenes Stück Rohr ("bent pipe") finden, bei welchem man diverse Änderungen in Form, Durchmesser, Wandstärke, und so weiter, mithilfe der Einstellungen vornehmen kann.

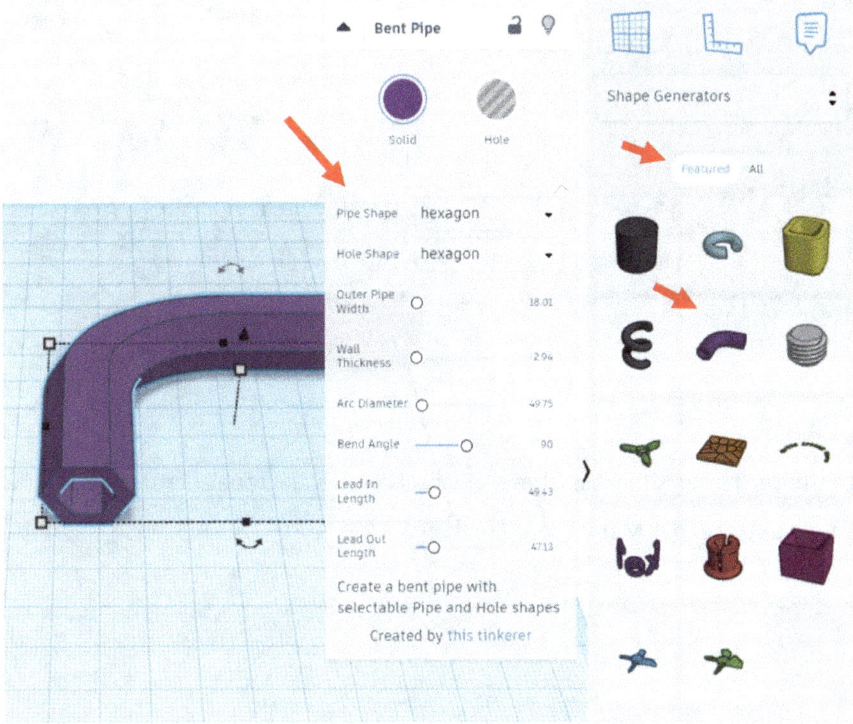

Viele weitere Formen, die man abändern kann, findet man, wenn man auf "All" klickt. Wenn man etwas hinunter scrollt, findet man z.B. ein Zahnrad, das man nach Belieben verändern kann. Probiere an dieser Stelle am besten die Möglichkeiten der Veränderung an ein paar Formen aus. Du wirst sehen, dass es für jedes Objekt andere Einstellungen gibt, die auf das jeweilige Objekt zugeschnitten sind.

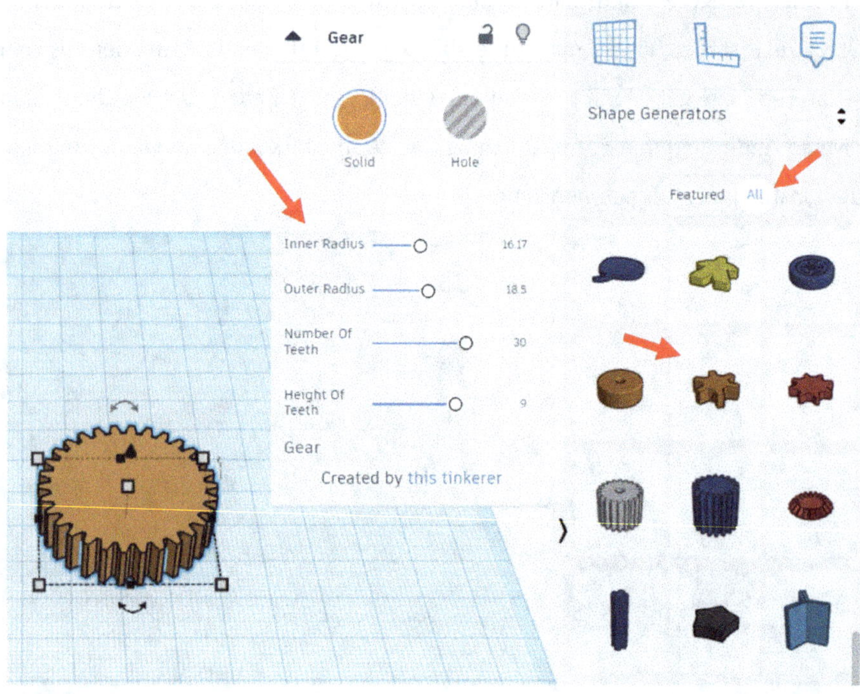

Um unser neues Objekt auch als eigene Kreation abzuspeichern, wechseln wir anschließend in das Menü "Your Creations".

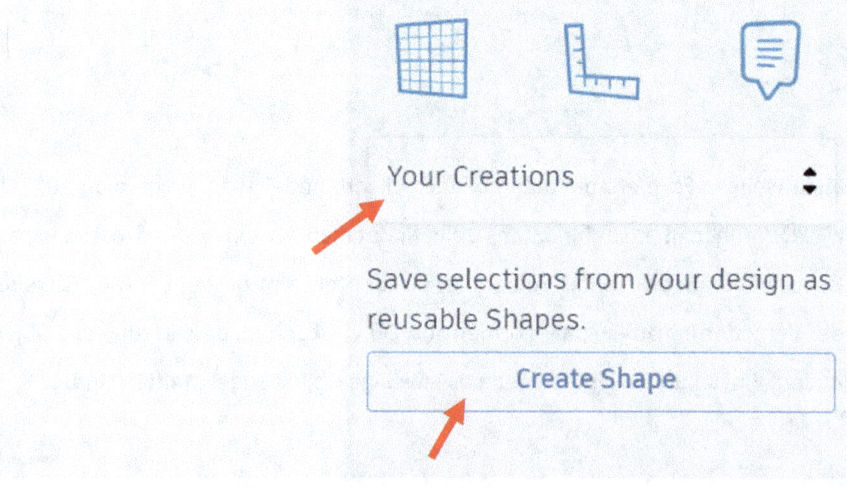

Hier können wir erstellte Objekte als eigene Form abspeichern, um diese später wiederzuverwenden. Dazu wählen wir zuerst das abzuspeichernde Objekt aus, also z.B. das modifizierte Zahnrad und klicken dann auf den Button "Create Shape".

Dann öffnet sich ein Vorschaufenster zum Objekt, in welchem wir einen Namen und eine Beschreibung, sowie Stichwörter zur leichteren Auffindbarkeit vergeben können. Wir können außerdem einstellen, ob das Objekt als positives Element, also als voller Körper behandelt werden soll ("solid"), oder ein negatives Element ("hole") sein soll und ob eine Skalierung zulässig sein soll, oder nicht. Was es mit der Einstellung "solid" oder "hole" auf sich hat, werden wir uns auch noch ansehen. Mit "Save Shape" können wir unsere Kreation abspeichern.

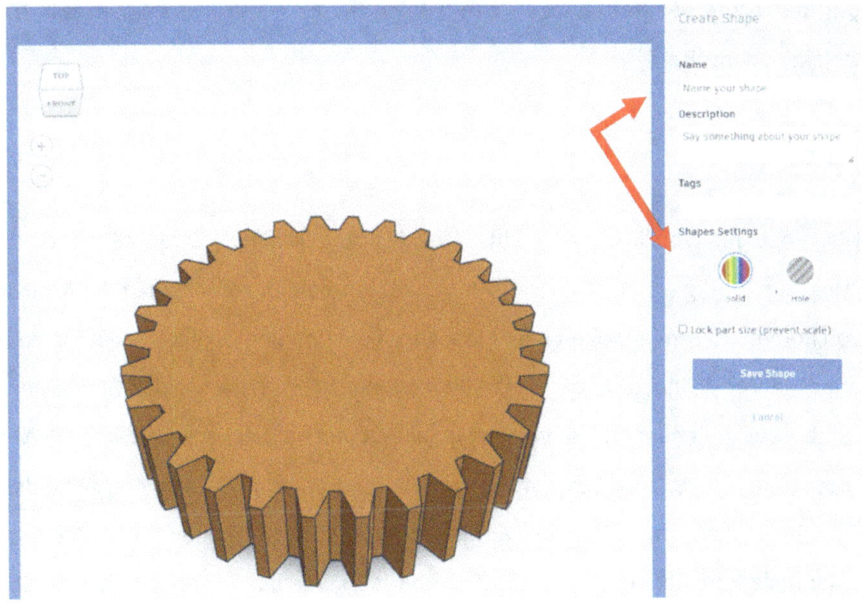

Zuletzt befassen wir uns noch mit den beiden Leisten im oberen Bereich und kommen dann zur Konstruktion von Objekten. Bleib dran, bald erstellen wir die ersten tollen Objekte.

Auf der linken Seite der oberen Leiste befinden sich allgemeine Funktionen, die man aus den klassischen Programmen auch kennt. Diese sind: Kopieren, Einfügen, Duplizieren, Löschen und Rückgängig bzw. Wiederherstellen. Damit man diese auswählen kann, muss man zuerst ein Objekt anwählen. Mehrere Objekte wählt man aus, indem man ein rechteckiges Auswahlfenster mit gedrückter linker Maustaste aufspannt.

Auf der rechten Seite befinden sich Funktionen, die man für die Arbeit mit 3D-Objekten benötigt.

Man findet hier von links nach rechts: "Toggle notes visibility", "Show all", "Group", "Ungroup", "Align" und "Mirror". Mit den ersten beiden steuert man die Ansicht von Kommentaren (anzeigen oder nicht anzeigen) und den Objekten (falls man ein oder mehrere Objekte in den Einstellungen mit einem Klick auf das Glühbirnen-Symbol ausgeblendet hat, kann man hier alle Objekte wieder anzeigen lassen). Mit "Group" und "Ungroup" beschäftigen wir uns jetzt etwas näher. Mit diesen beiden Funktionen kann man Objekte verbinden bzw. wieder trennen. Das sind zwei essentielle Funktionen für die Konstruktion in Tinkercad. Sehen wir uns z.B. das folgende Beispiel mit jeweils zwei Würfeln und zwei Zylindern an. Bei einem der beiden Zylinder wurde in den Einstellungen "solid" gewählt, bei dem anderen "hole". Die Maße sind egal und können frei gewählt werden, nur die Höhe der Zylinder soll etwas höher sein als die Höhe der Würfel. Wir werden im Folgenden den Unterschied zwischen den möglichen Eigenschaften "solid" und "hole" mithilfe der Funktion "Group" kennenlernen.

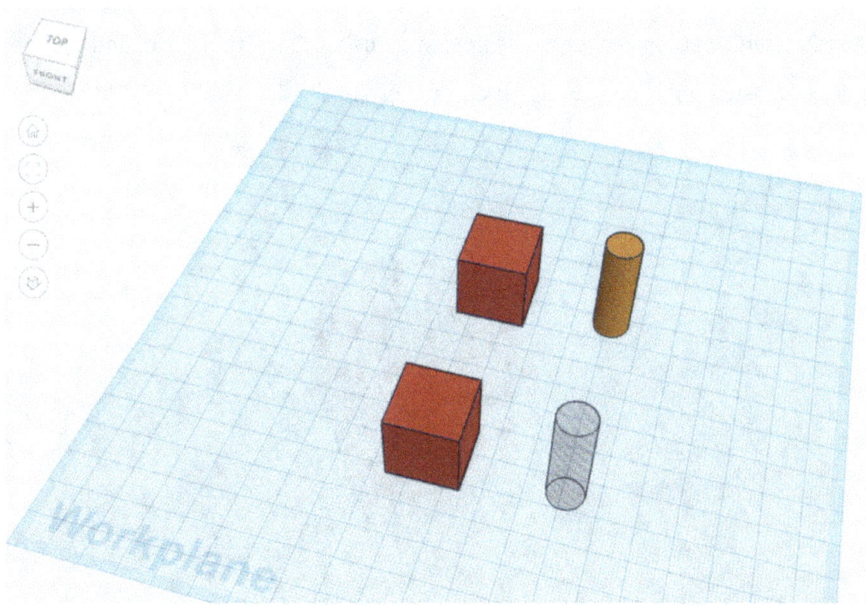

Die beiden Funktionen "Group" und "Ungroup" sind sehr einfach zu verstehen. Mit der einen Funktion kann man zwei oder mehrere Objekte miteinander verbinden, mit der anderen wiederum trennen. Stelle es dir z.B. so vor, als würdest du zwei Objekte miteinander verschmelzen. Wir möchten die Objekte im Folgenden nun jeweils miteinander verbinden. Dazu ziehen wir zuerst die beiden Zylinder nach links in die Mitte der Würfel.

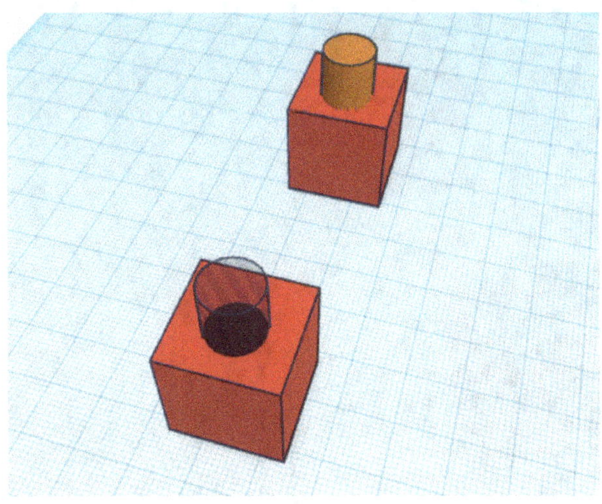

Anschließend wählen wir zuerst die beiden vorderen Objekte (Würfel und Zylinder mit der Einstellung "hole") und markieren diese mit gedrückter linker Maustaste.

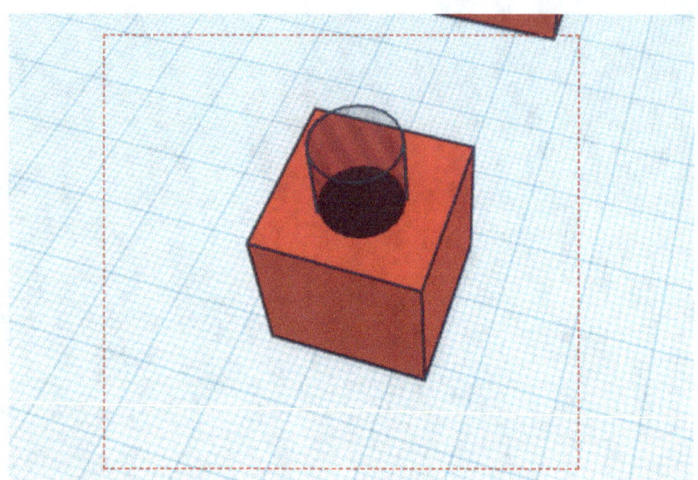

Anschließend werden die Tools in der Leiste oben rechts zur Bearbeitung freigegeben und wir können „Group" auswählen. Überlege dir vorher, was jetzt passieren wird, vielleicht kommst du darauf. (Hinweis: Der Zylinder ist ein negatives, subtraktives Element)

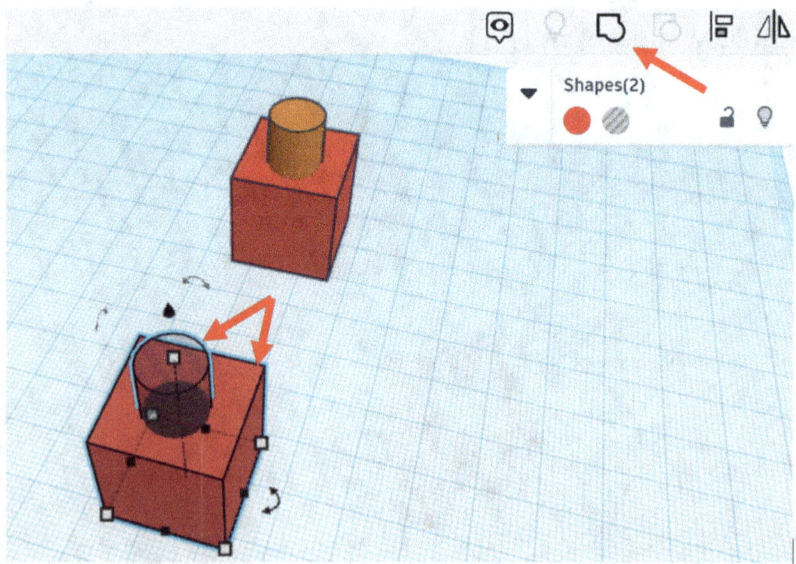

Als Ergebnis entsteht folgendes neues Objekt:

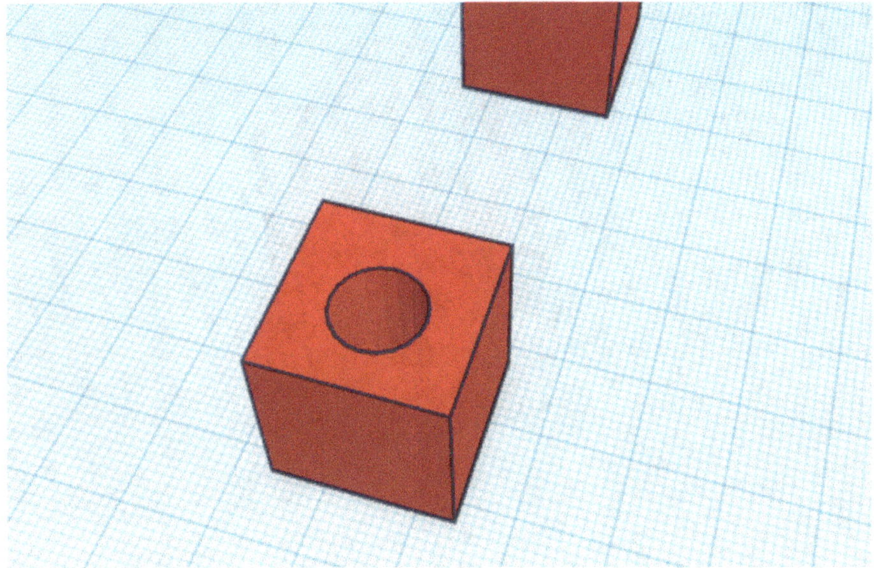

Es handelt sich dabei um einen Würfel mit einem Loch in der Mitte. Das Loch ist entstanden, weil wir das negative (subtraktive) Element, also den Zylinder, von dem positiven Element, also dem Würfel, abgezogen haben. Sehr gut, wenn du darauf gekommen bist. Falls nicht, ist das auch nicht schlimm, lies einfach weiter, dein räumliches Vorstellungsvermögen wird im Laufe des Buches immer stärker geschult. Versuche es dir räumlich folgendermaßen vorzustellen: Wenn du in der analogen Welt ein Loch bohren möchtest, dann nimmst du einen Bohrer, der eine zylindrische Grundform und den Durchmesser des geplanten Lochs hat. Wenn du ein Loch bohrst, machst du also im Grunde auch nichts anderes, als ein zylindrisches Objekt (Bohrer) in ein anderes Bauteil einzubringen und damit ein Loch zu erstellen. Der Bohrer ist dabei das subtrahierende, negative Element.

Was wird nun passieren, wenn wir die anderen beiden Objekte (Würfel und "solid" Zylinder) miteinander verbinden bzw. gruppieren? Überlege es dir bitte kurz und wirf erst dann einen Blick auf die nächste Seite. (Hinweis: Der Zylinder ist in diesem Fall ein additives, hinzufügendes Element). Die Vorgehensweise ist identisch.

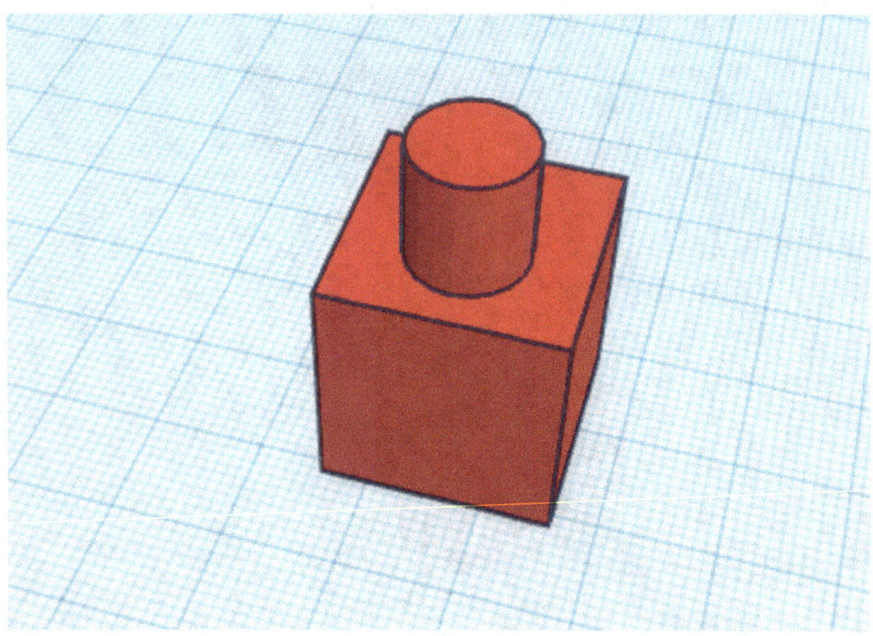

Es entsteht ein verschmolzener, solider Körper. Auch die Farbe des Zylinders wird an den Grundkörper angepasst, da es sich nun um einen gemeinsamen Körper handelt. Super, wenn du dir das so vorgestellt hast. Jetzt kennen wir also den Unterschied zwischen "solid" und "hole" und haben bereits eine sehr wichtige Funktion ("Group") für die weitere Konstruktion erlernt. Mit "Ungroup" kann man diesen Verschmelzungsvorgang wieder rückgängig machen. Hierzu einfach die Objekte auswählen, die man wieder trennen möchte und dann "Ungroup" wählen. Man kann übrigens auch gleich mehrere Objekte auf einmal auswählen. Das Programm erkennt dann die Zugehörigkeiten von selbst.

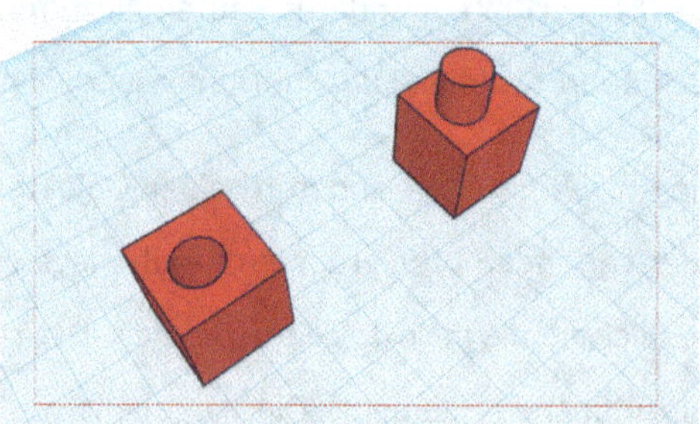

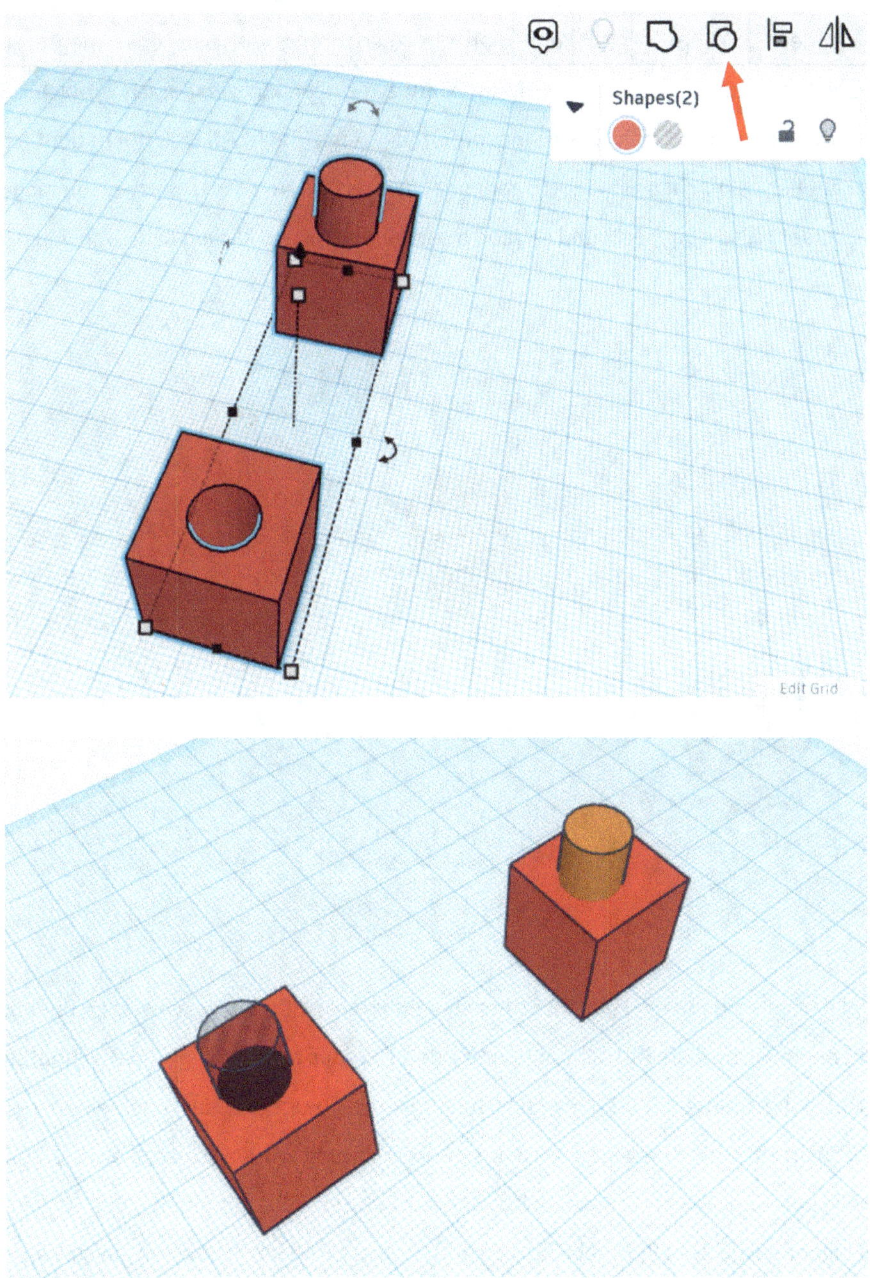

Die beiden Verschmelzungsvorgänge sind damit rückgängig gemacht und wir haben nun wieder vier eigenständige Körper anstatt nur zwei.

Mit der Funktion "Align", kann man die Ausrichtung von zwei oder mehreren Objekten zueinander steuern. Man könnte die Objekte zwar auch einfach so hinschieben, wie man diese möchte, mit "Align" geht dies jedoch deutlich schneller, einfacher und auch genauer. Wir erstellen dazu z.B. zwei einfache Zylinder ("Basic Shapes") und wählen diese beide aus und klicken dann auf "Align".

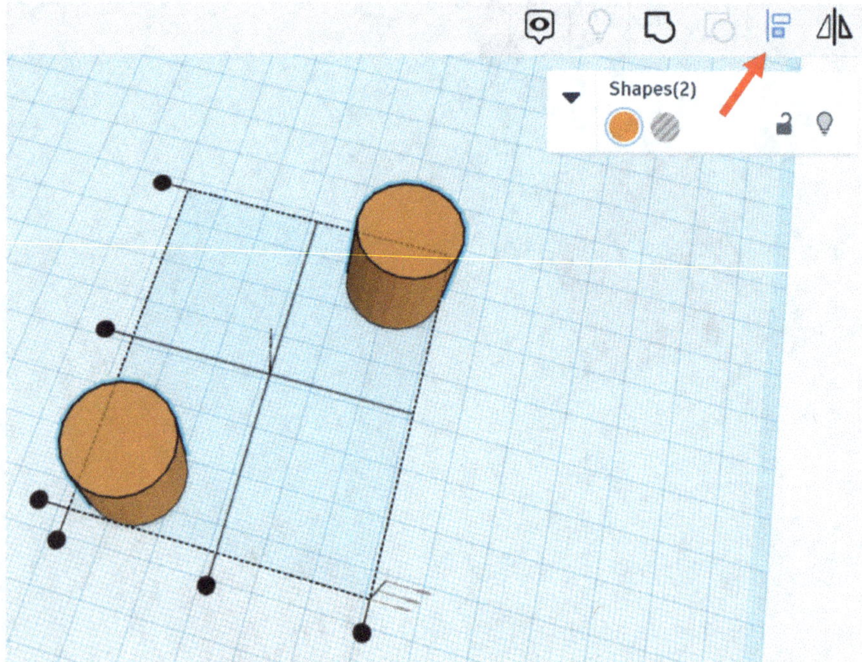

Wir erhalten dann ein Feld mit schwarzen Punkten. Mithilfe der schwarzen Punkte können wir nun die Ausrichtung der beiden Zylinder anhand der eingezeichneten Linien bestimmen. Wenn wir uns mit unserer Computermaus über einen der schwarzen Punkte bewegen, wird uns die Ausrichtung symbolisch angezeigt. Wenn wir auf den Punkt klicken, wird die Ausrichtung übernommen. Sieh dir im Folgenden die zwei Beispiele dazu an und probiere es dann am besten gleich selbst aus!

a) Vorschau vor dem Klick (Mauscursor befindet sich über dem roten Punkt):

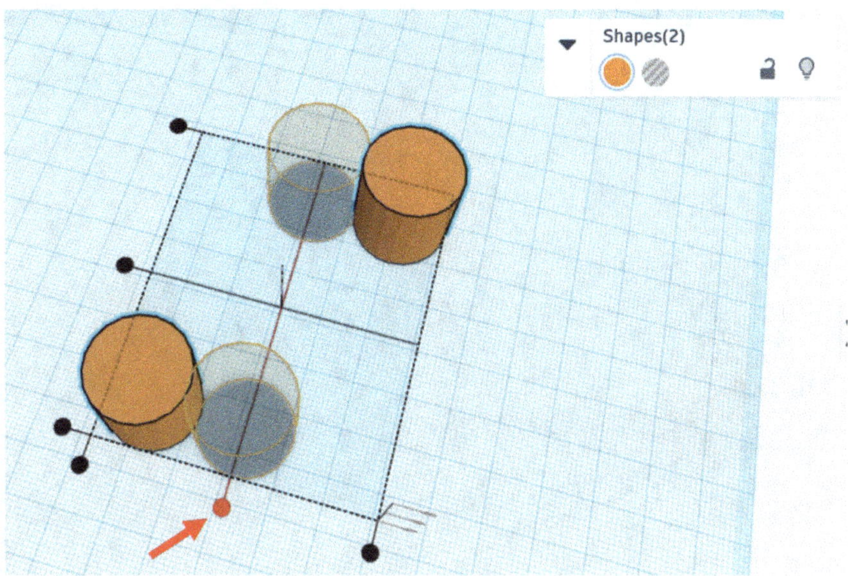

a) Ergebnis nach dem Klick auf den roten Punkt (Ausrichtung wurde durchgeführt):

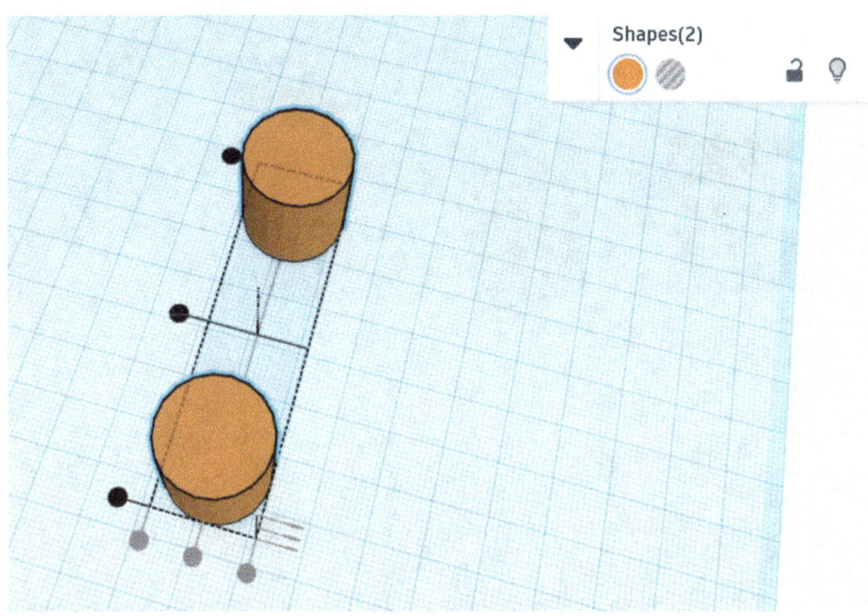

b) Vorschau vor dem Klick (Mauscursor befindet sich über dem roten Punkt):

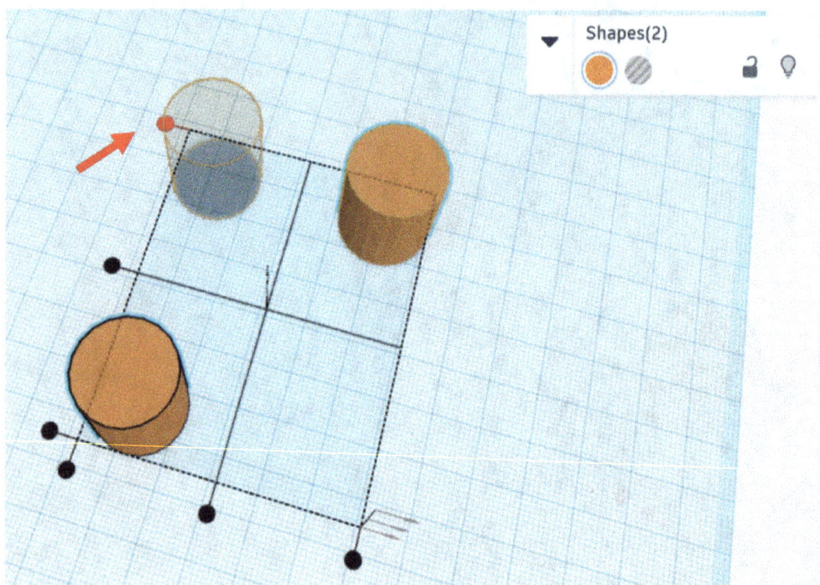

b) Ergebnis nach dem Klick auf den roten Punkt (Ausrichtung wurde durchgeführt):

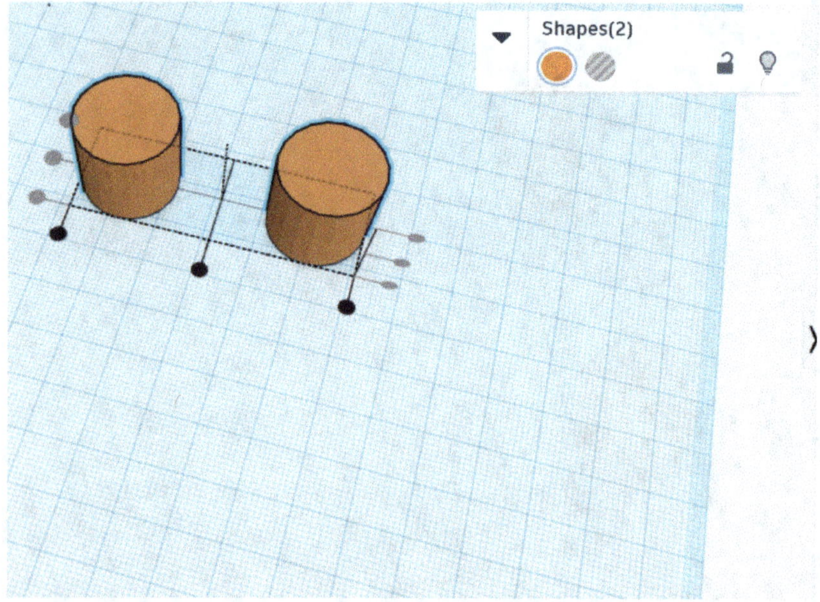

Die letzte Funktion, die wir uns hier noch ansehen, ist die Funktion "Mirror". Damit können wir ein Objekt spiegeln, also die Ausrichtung des Objekts ändern. Sehen wir uns das anhand eines "TEXT"-Objekts an.

Wenn wir den Körper und die Funktion Mirror anwählen, erscheinen drei kleine Doppelpfeile.

Je nachdem, auf welchen dieser Pfeile wir nun klicken, wird das Objekt anhand dieser Richtungen gespiegelt. Wählen wir z.B. den Pfeil, der sich unten in der Mitte befindet, erhalten wir folgendes Ergebnis:

Der Text ist nun in der seitlichen Richtung gespiegelt worden. Probiere auch die anderen Pfeile einmal aus und probiere es auch an anderen Objekten aus. Überlege dir dazu am besten vorher kurz, wie das Ergebnis aussehen wird. Bevor wir dieses Kapitel nun endlich abschließen, beschäftigen wir uns noch kurz mit dem oberen, rechten Bereich der Umgebung.

Hier finden wir die Funktionen "Import", "Export" und "Send To", sowie zwei weitere 3D-Umgebungen zur Auswahl im Bereich darüber ("Blocks" und "Bricks"). Mit "Import" und "Export" kann man eigene Objekte in das Programm laden oder aus dem Programm heraus speichern. Man kann Objekte bis zu 25 MB in den Dateiformaten ".stl", ".obj" und ".svg" importieren und die eigenen Kreationen als ".stl", ".obj" sowie als ".glb" und ".svg" abspeichern. Diese Dateiformate kann man dann für den 3D-Druck (z.B. ".stl") oder für einen Lasercutter (".svg") weiter bearbeiten. Bei Export gibt es auch die Möglichkeit, die Datei gleich an seinen angeschlossenen 3D-Drucker zu senden. Falls du dich auch für den 3D-Druck interessierst, wirf unbedingt einen Blick auf meinen Kurs dazu (Informationen auf den letzten Seiten).

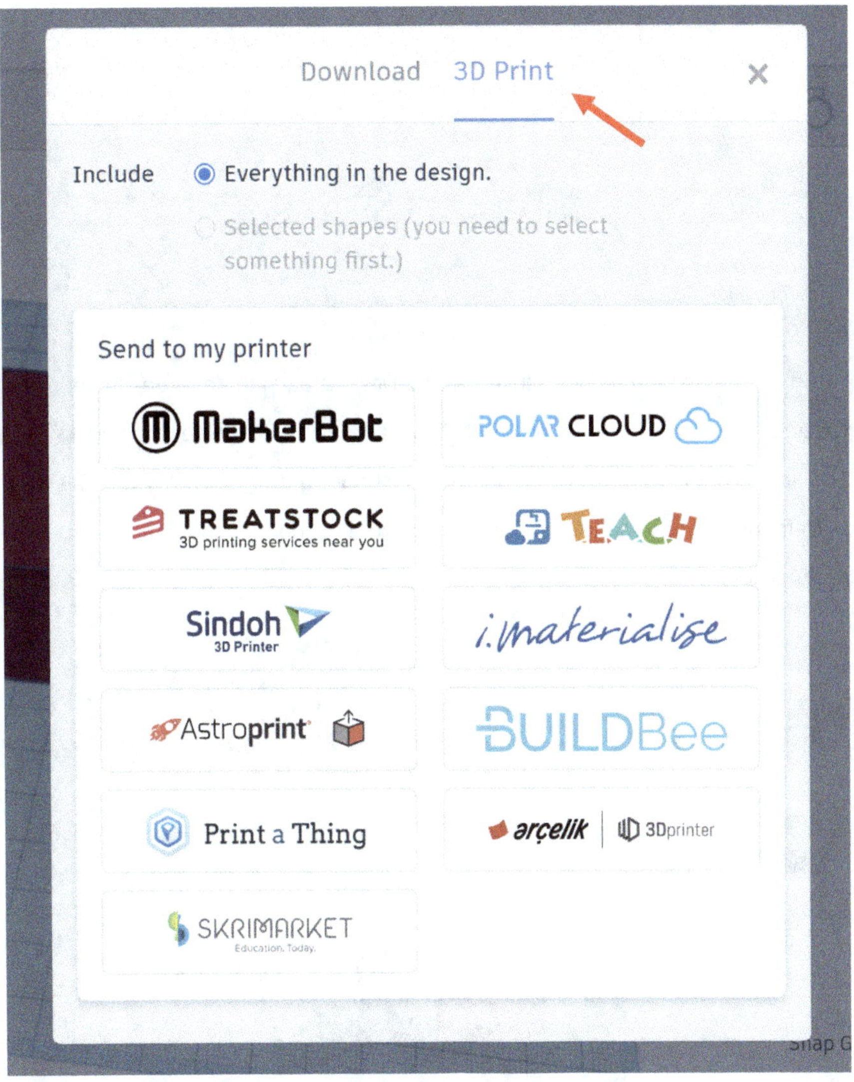

Mit "Send to" kann man eine Datei seines Objekts auch per E-Mail oder an andere Plattformen, wie z.B. "Thingiverse" oder "MyMiniFactory" senden. Hier gibt es auch die Option, die Datei in Fusion 360 weiter zu bearbeiten.

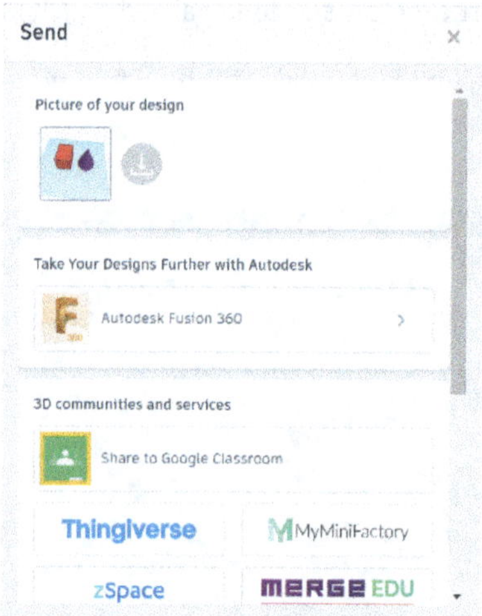

In Tinkercad gibt es die Möglichkeit, seine Designs auch in anderen Umgebungen darzustellen. Dazu hat man die Möglichkeit seine Objekte in "Blocks", als Bauklötze, oder in "Bricks", als Klemmbausteine, anzeigen zu lassen. Das kann hilfreich sein, wenn man seine Designs in natura nachbauen möchte, anstatt diese auszudrucken.

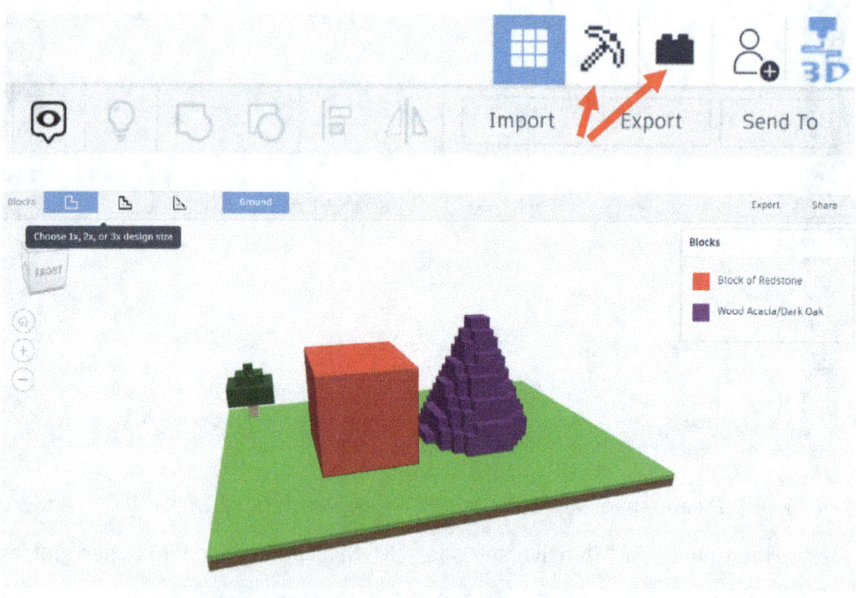

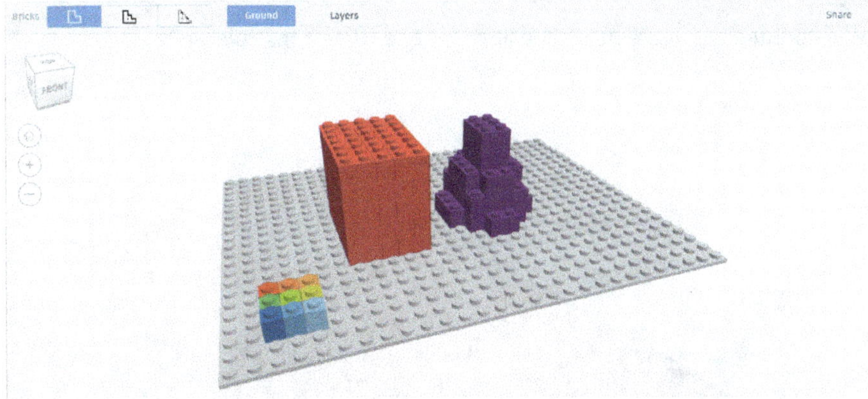

Oben links findet man jeweils Einstellungen zur Designgröße und zur Anzeige. Einfach einmal ausprobieren!

Hervorragend! Jetzt kennen wir uns in der 3D-Design Umgebung bereits sehr gut aus und können uns in den folgenden Kapiteln mit der Konstruktion von Beispielprojekten beschäftigen. Zuerst werden wir eine Smartphone-Hülle erstellen. Wie das funktioniert, sehen wir uns Schritt für Schritt an. Diese könnten wir dann sogar mit einem 3D-Drucker ausdrucken und verwenden.

3.3 CAD-Projekt 1: Smartphone-Hülle

Für die Smartphone-Hülle starten wir ein neues Projekt mit "+ New" und "3D Design" auf der Startseite von Tinkercad. Wir benennen es dann z.B. einfach Smartphone-Hülle. Das können wir oben links machen. Einfach draufklicken und umbenennen.

Wie könnten wir nun eine solche Smartphone-Hülle konstruieren?

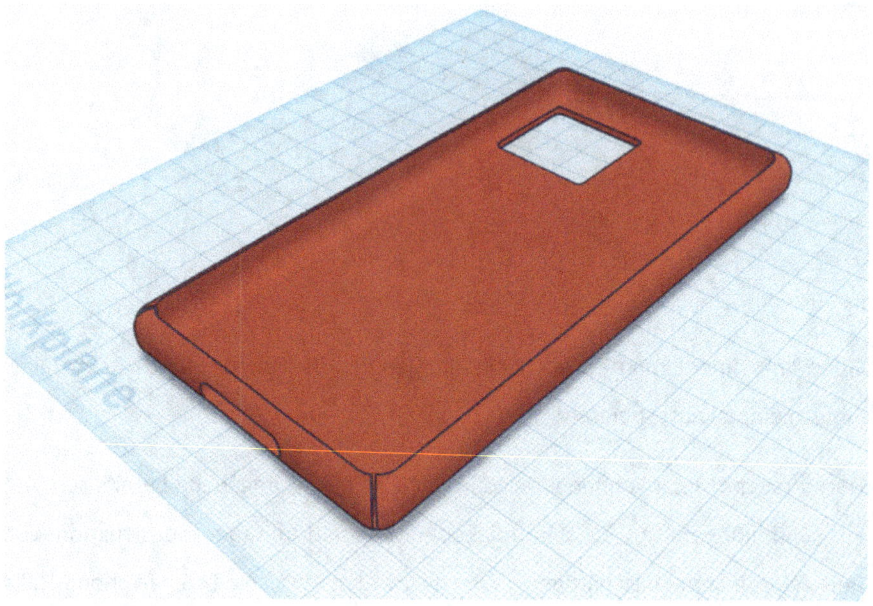

Wir werden dafür zunächst einen Grundkörper erstellen, den wir genau 2 mm größer machen, als unser Smartphone ist. Die Abmaße dafür finden wir entweder im Internet oder wir messen unser Handy einfach selbst aus (Länge, Breite und Höhe). Den Grundkörper erstellen wir mit einem Würfel ("Basic Shapes").

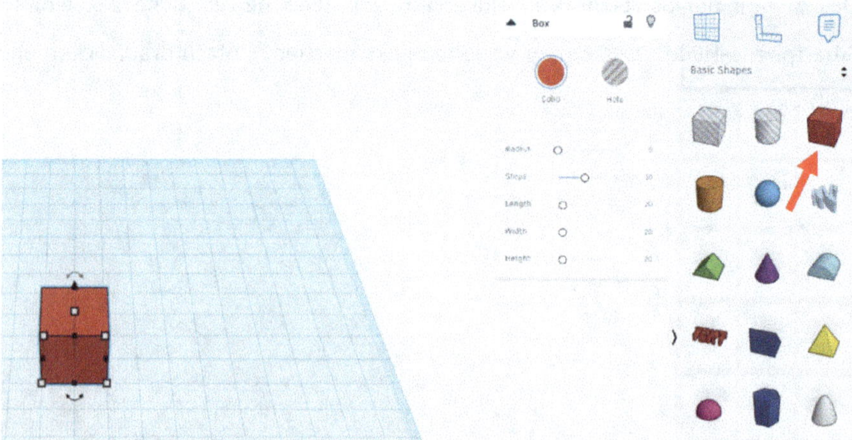

Wir können jetzt in den Einstellungen die Maße unseres Smartphones (+ 2 mm) eingeben. Warum wir 2 mm mehr benötigen, werden wir gleich noch erfahren. Mein Smartphone hat z.B. die Maße 150 mm x 75 mm x 9,5 mm (LxBxH). Mein Grundkörper muss also 152 mm lang, 77 mm breit und 11,5 mm hoch werden. Wenn du auf die Zahl rechts neben den Reglern klickst, kannst du die Zahl auch gleich eingeben und musst dich nicht mit den Einstellreglern spielen.

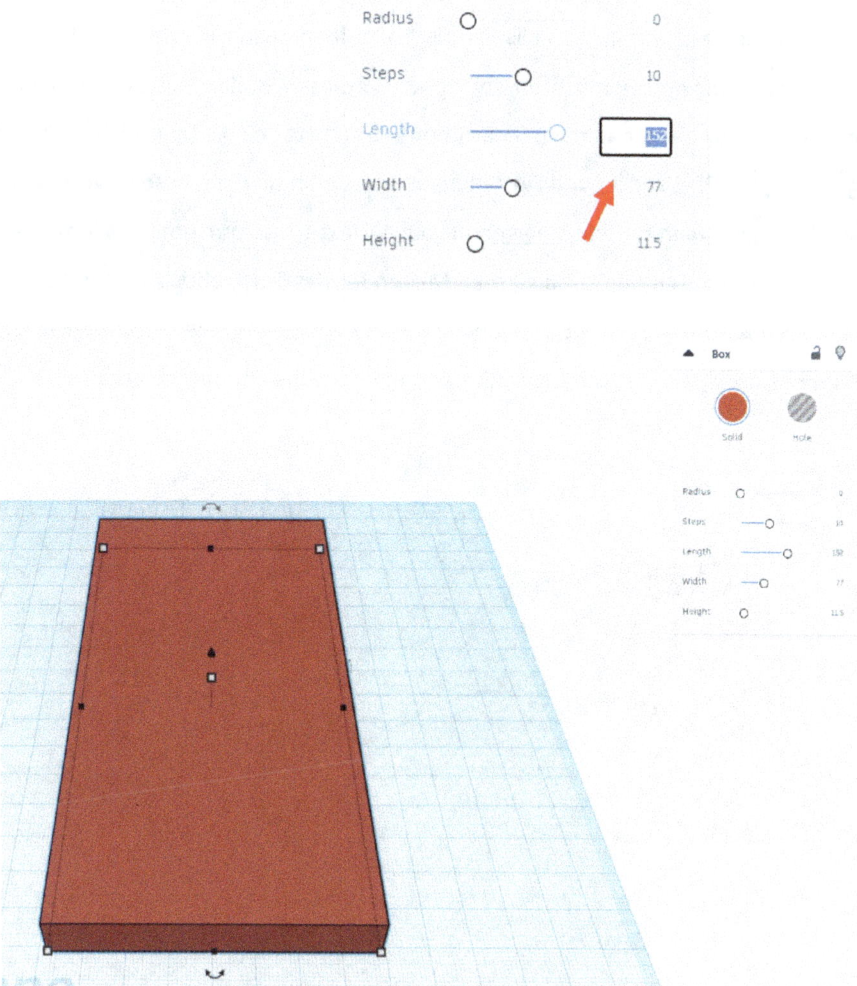

Jetzt benötigen wir eine Öffnung, in welcher wir das Smartphone hineinlegen können. Das heißt, wir müssen den festen Grundkörper aushöhlen. Kannst du dir vorstellen, wie wir das machen? Genau, wir subtrahieren einfach einen Körper, der die Größe unseres Smartphones hat (also 2 mm kleiner als der Grundkörper ist) und erhalten damit eine Hülle mit 1 mm Wandstärke bzw. Dicke. Das heißt, wir erstellen einen negativen Körper ("Hole") mit den Maßen 150 mm x 75 mm (bzw. mit deinen Smartphone-Maßen). Die Höhe legen wir z.B. mit 15 mm fest. Warum werden wir gleich erfahren. Falls wir die Hülle dann auch mit einem 3D-Drucker ausdrucken und nutzen möchten, sollten wir bei diesen Maßen jedoch jeweils noch ca. 1-2 mm abziehen, damit das Smartphone straff sitzt und die Hülle nicht verloren geht. Je nach 3D-Drucker und Einstellungen muss man sich mit diesem Wert etwas spielen, damit man für sein Smartphone die perfekte Passform erhält. Wir machen deshalb einfach mit den tatsächlichen Maßen für das Smartphone weiter. Für die Höhe wählen wir anstatt 9,5 mm jedoch die 15 mm, da das negative Objekt etwas höher sein soll, als der rote Grundkörper, um oben eine Öffnung zu erhalten.

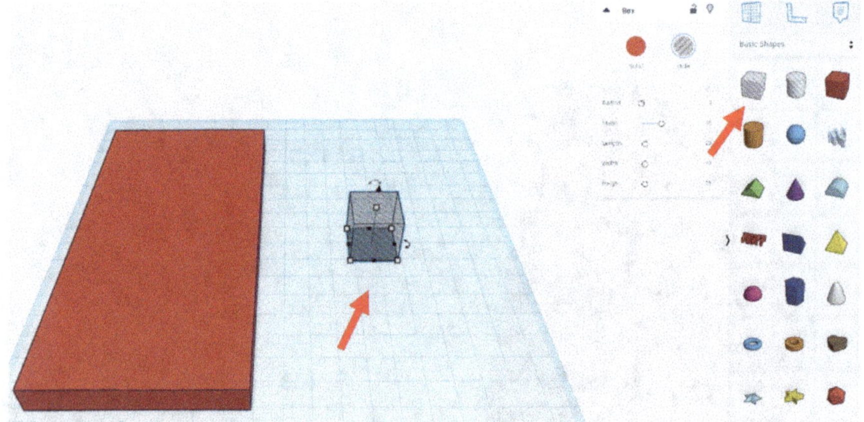

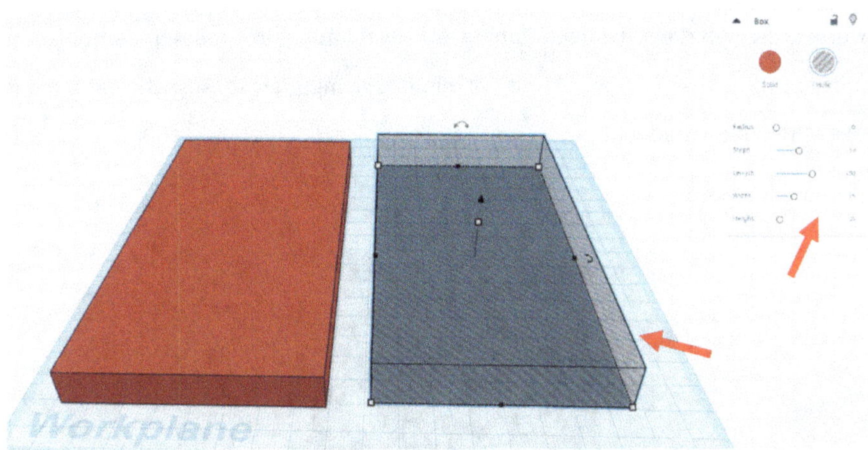

Als Nächstes müssen wir die beiden Körper deckungsgleich übereinander bringen. Das machen wir entweder durch Verschieben, oder da wir genau mittig bzw. zentrisch liegen müssen, mithilfe der bereits kennengelernten Funktion "Align". Dazu zuerst beide Körper mit gedrückter linker Maustaste und einer Ziehbewegung auswählen (rotes Rechteck muss erscheinen) und danach die Funktion oben rechts auswählen.

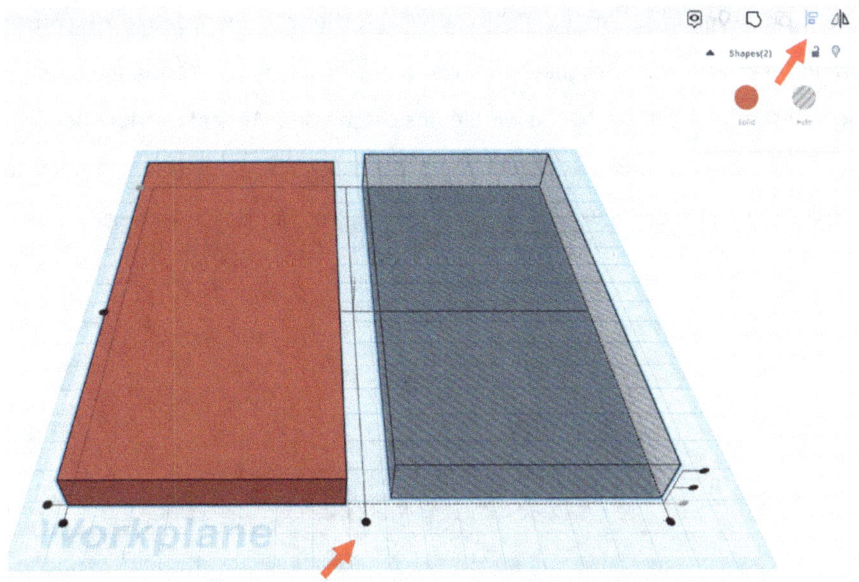

Nun erscheinen die schwarzen Punkte zur Ausrichtung. Wir müssen den unteren, mittleren Punkt anwählen, damit wir eine deckungsgleiche Ausrichtung anhand der Mittellinie erhalten.

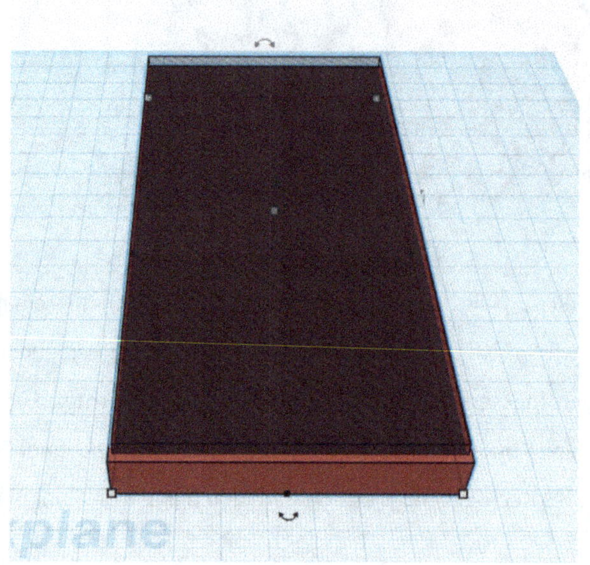

Die Ausrichtung in der ersten Richtung (waagrechte bzw. horizontale x-Richtung, wenn man sich die Arbeitsebene als zweidimensionales Koordinatensystem vorstellt) ist nun korrekt. Wenn wir die Ansicht mit dem Ansichtswürfel oben links auf "left" stellen, sehen wir aber, dass der Abstand im hinteren Bereich im Vergleich zum vorderen Bereich viel geringer ist, also noch nicht stimmt.

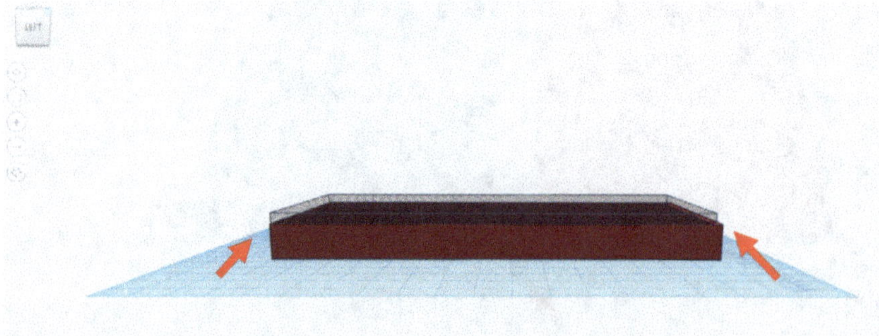

Wir müssen deshalb nochmals beide Körper anwählen, die Funktion "Align" auswählen und auch noch den linken mittleren schwarzen Punkt zur korrekten, zweiten Ausrichtung (senkrechte bzw. vertikale y-Richtung), anwählen. Dann sind unser negativer Körper und der Grundkörper zentriert zueinander ausgerichtet.

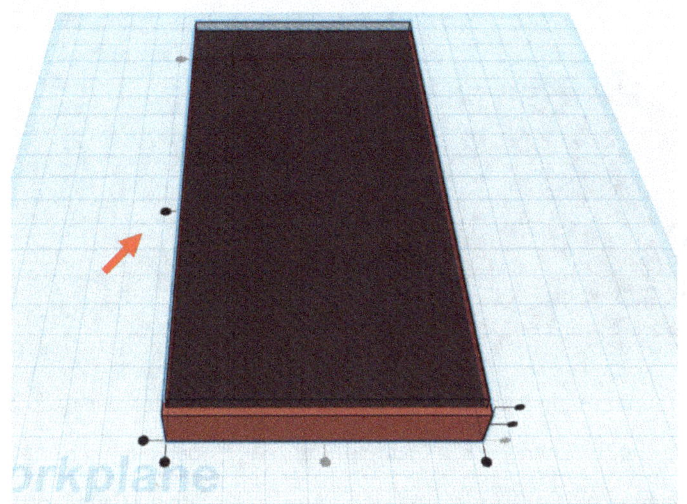

Sehr gut! Bevor wir die beiden Körper gruppieren, um den Ausschnitt für das Smartphone vorzunehmen, müssen wir den negativen Körper ("hole") noch um 1 mm nach oben versetzen, damit eine Grundfläche des Grundkörpers stehen bleibt. Ansonsten würde man nur einen Rahmen erhalten. Du kannst zum besseren Verständnis gerne einmal beides ausprobieren. Das Verschieben machen wir, indem wir an dem kleinen grauen Pfeil, der sich in der Mitte des Körpers befindet, wenn dieser ausgewählt ist, nach oben ziehen, und zwar genau um 1 mm.

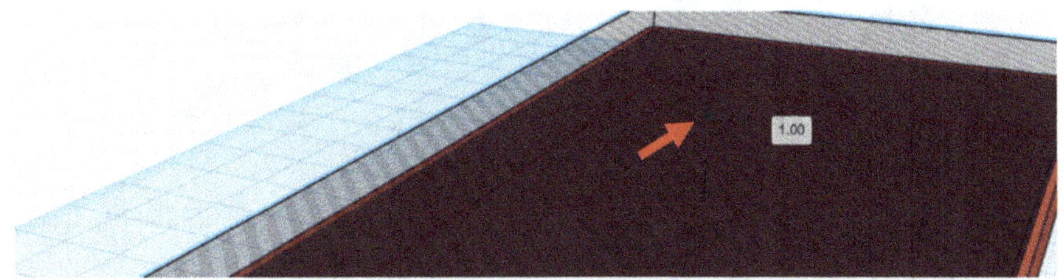

Dann können wir beide Formen anwählen und gruppieren und erhalten auf diese Weise die Grundform unserer Smartphone-Hülle mit 1 mm Wandstärke.

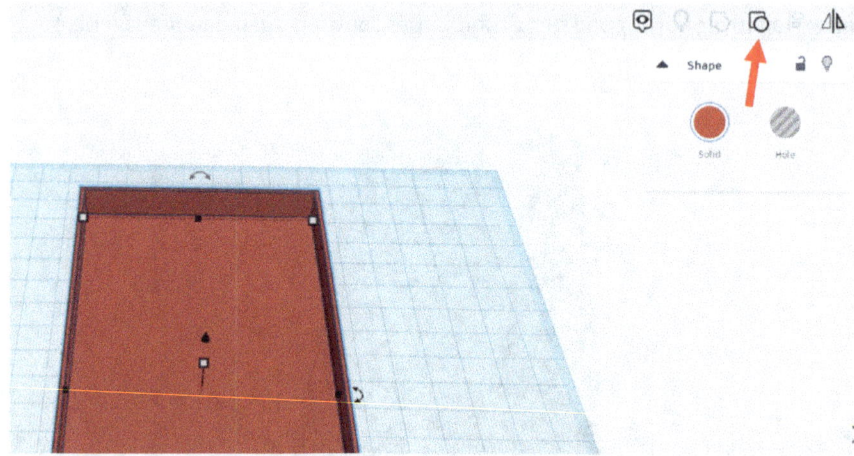

Die Smartphone-Hülle ist nun noch sehr kantig, das werden wir noch abändern. Um das zu tun, machen wir die Gruppierung zuerst noch einmal rückgängig. Wir können dann nämlich für den positiven und den negativen Grundkörper jeweils einen Radius von 5 mm in den Einstellungen wählen, sodass die Kanten verrundet werden. Zuerst machen wir das für den roten Grundkörper.

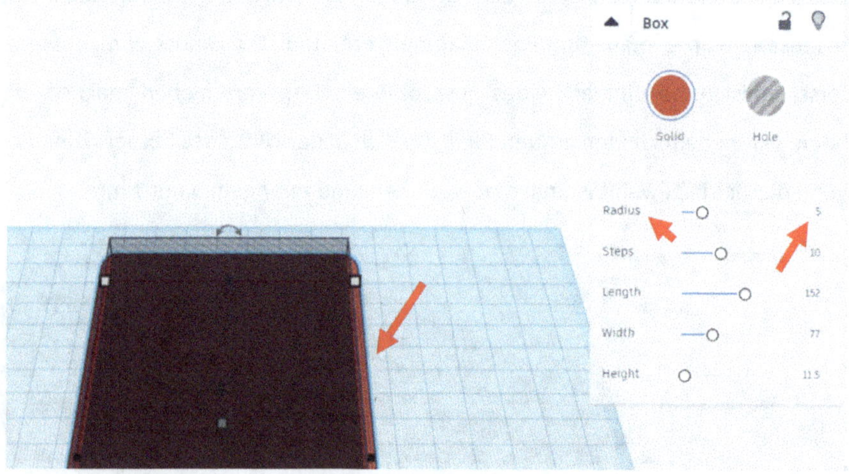

Dann machen wir das gleiche auch noch für den negativen Körper, durch den wir dann unseren Ausschnitt erhalten.

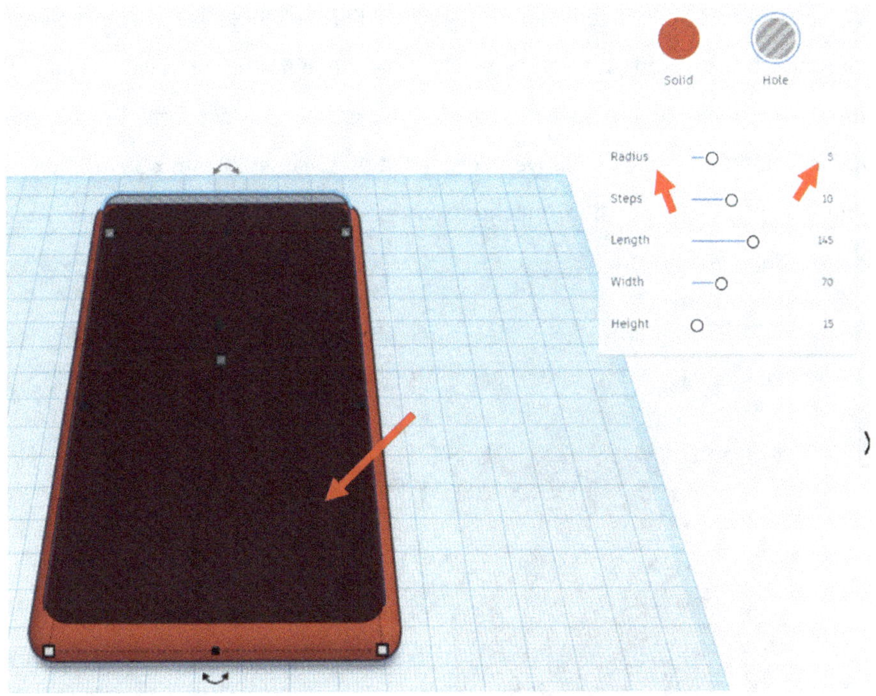

Nachdem wir die beiden Körper wieder gruppiert haben, erhalten wir die folgende Form für unsere Smartphone-Hülle:

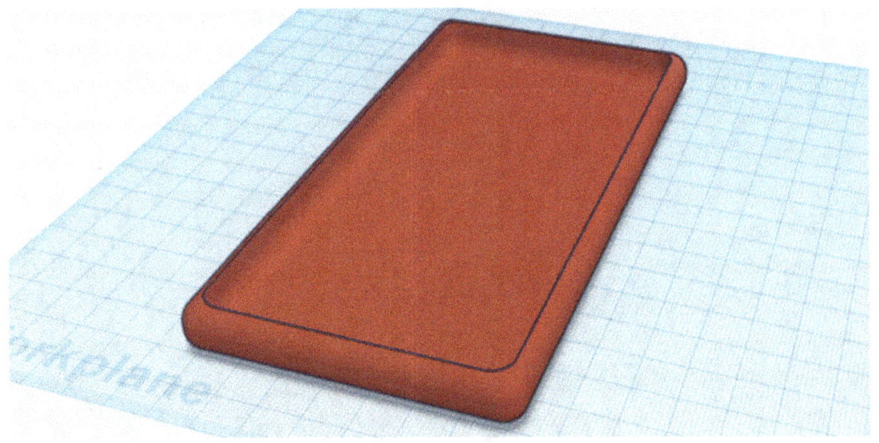

Dann erstellen wir noch ein paar Öffnungen für die Kamera auf der Rückseite, sowie für Anschlüsse vorne unten. Die Vorgehensweise dazu ist wieder identisch. Wir erstellen jeweils einen neuen negativen Körper ("hole") und subtrahieren diesen vom Grundkörper, sodass eine Öffnung entsteht. Probieren wir das einmal für die Öffnung für die Kamera auf der Rückseite aus. Wir erstellen für das Kameramodul z.B. einen negativen Körper mit den Maßen 30 mm x 30 mm (L x B) und 4 mm Höhe. Außerdem möchten wir einen Radius von 20 mm, damit die Kanten abgerundet sind.

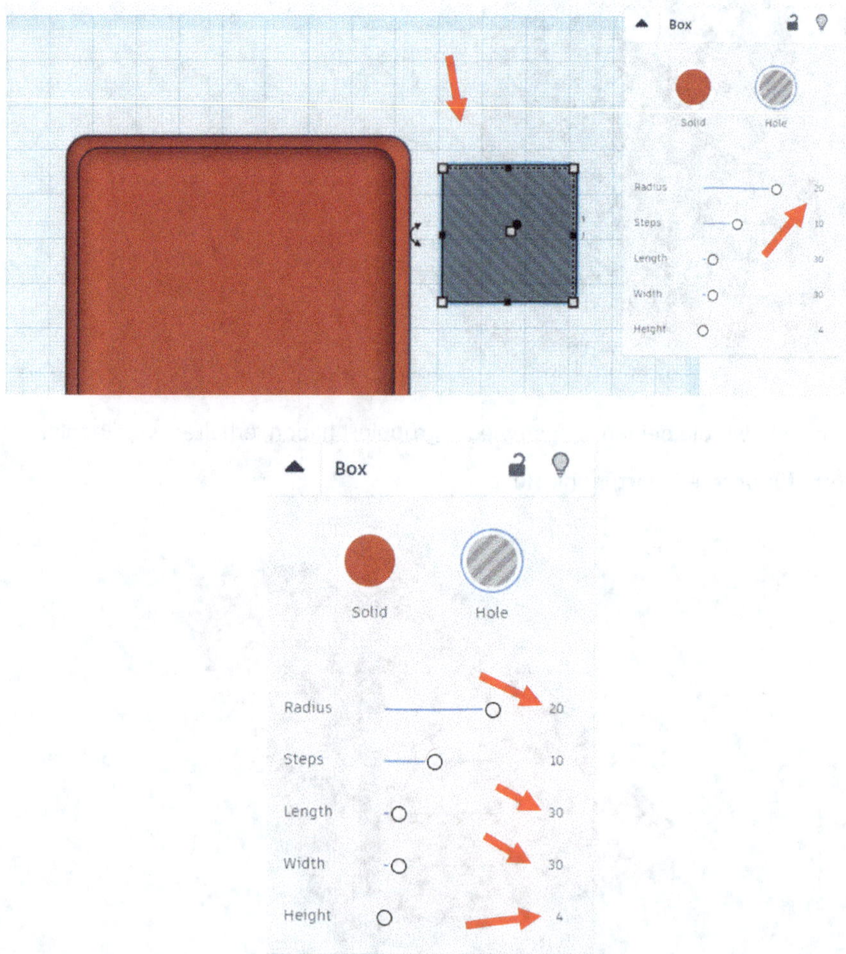

Im nächsten Schritt platzieren wir den negativen Körper an der richtigen Stelle (Abmaße siehe Smartphone) und gruppieren die beiden Körper, sodass ein Ausschnitt entsteht. Wir können für die Platzierung auch das "Ruler tool", z.B. an der linken oberen Ecke anbringen, damit die Positionierung einfacher wird, wenn wir die Maße beim Smartphone abgemessen haben.

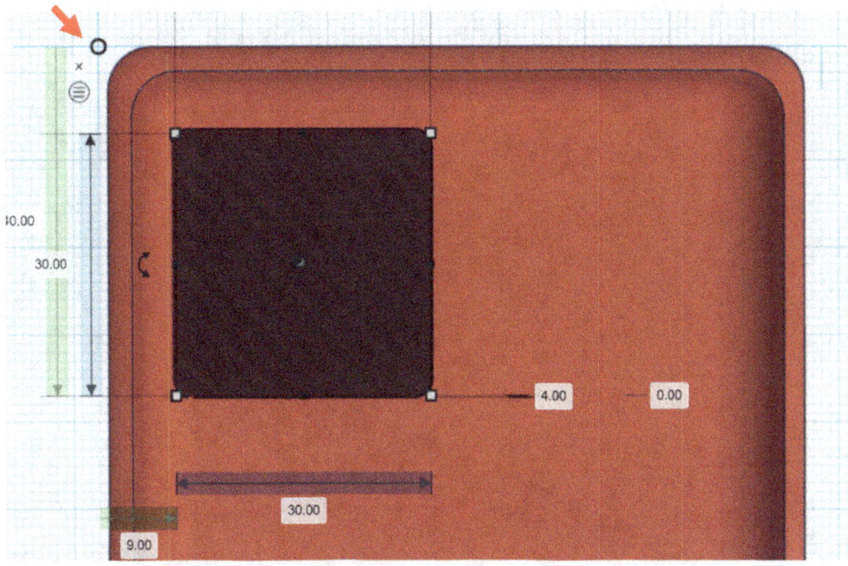

Dann verschieben wir den negativen Körper um 1 mm nach unten, sodass die Rundungen auch auf der gegenüberliegenden Seite mit ausgeschnitten werden.

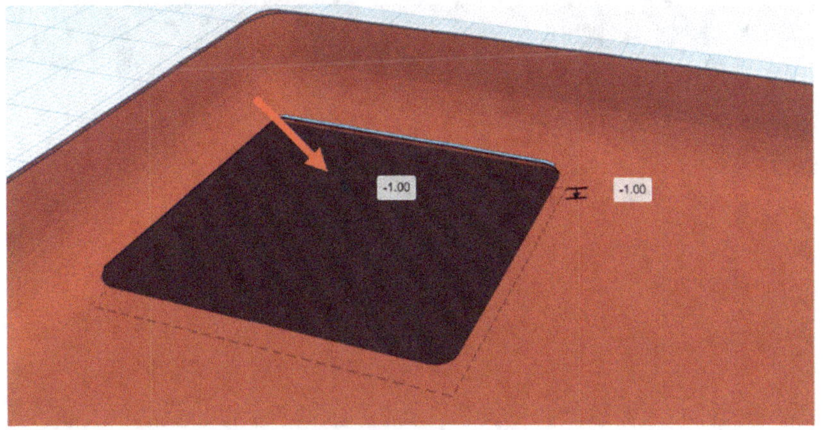

Nach der Gruppierung der beiden Körper erhalten wir dann eine Hülle, die schon sehr gut aussieht. Für den Ausschnitt für die Anschlüsse im unteren Bereich erstellen wir dann wiederum einen negativen Körper. Dieser soll 25 mm x 5 mm x 10 mm haben. Drehe den Körper dann mit den kleinen Pfeilen so hin, dass er wie dargestellt platziert werden kann. Die Platzierung machen wir wieder mit der Funktion "Align". Markiere dazu beide Körper und nutze die dargestellten Punkte, um die Ausrichtung korrekt anzupassen.

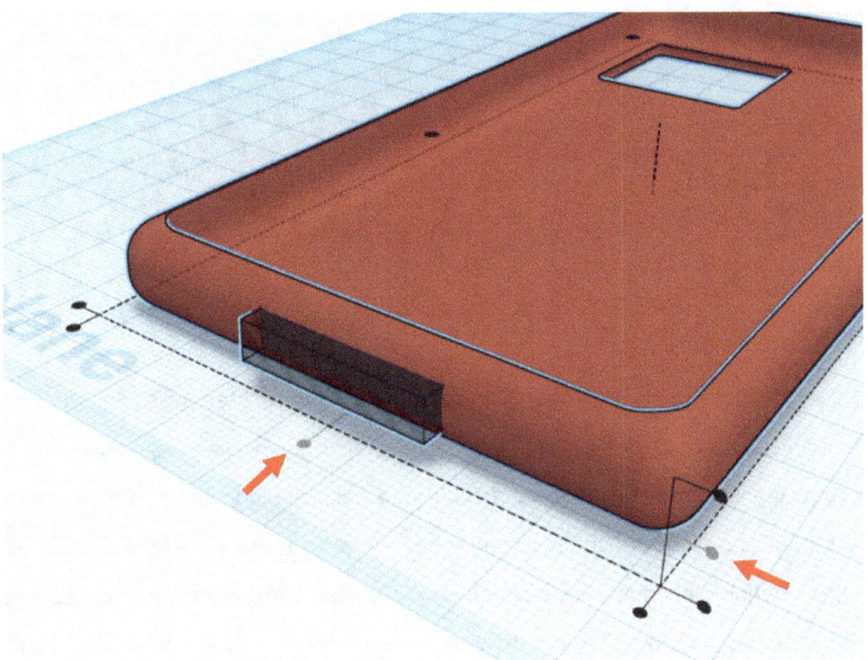

Dann geben wir dem rechteckigen Körper noch einen 5 mm Radius, damit diese Öffnung ebenfalls verrundet wird. Zuletzt werden die Körper wieder verschmolzen.

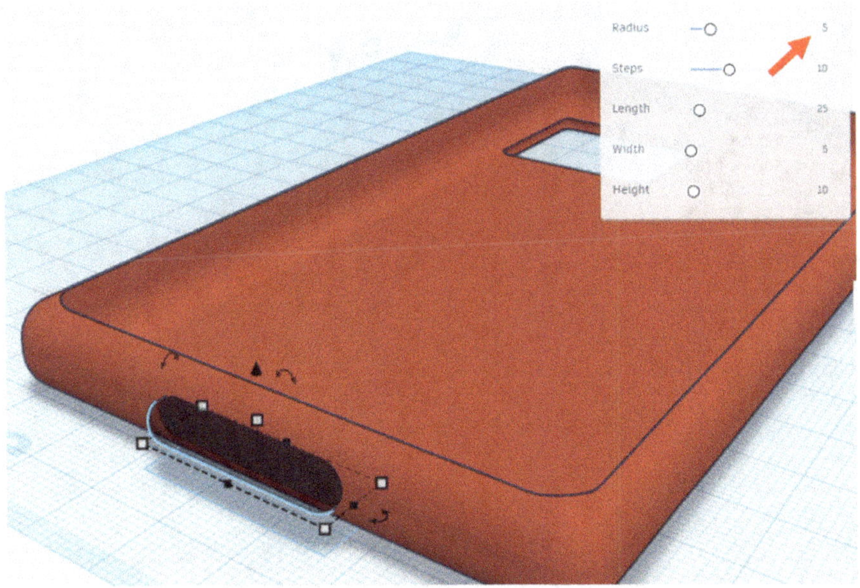

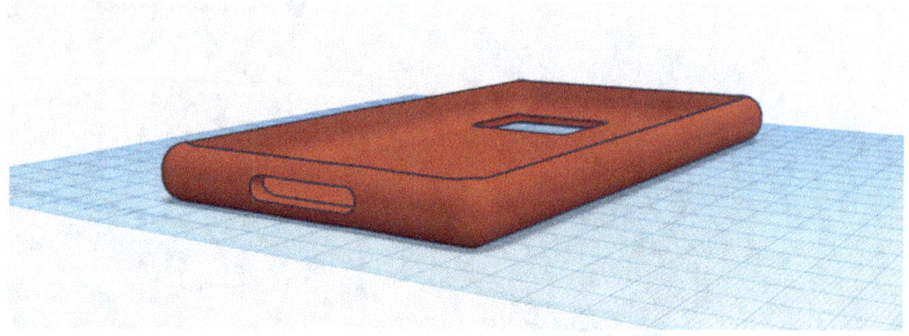

Falls du auch noch Öffnungen für Tasten auf der rechten oder linken Seite benötigst, kannst du diese gerne eigenständig hinzufügen. Die Vorgehensweise ist genauso wie bisher. Wir fügen der Hülle nun noch zwei kleine Öffnungen hinzu, damit wir das Handy auch einsetzen können, hierfür muss sich die Hülle nämlich etwas dehnen können. Dazu erstellen wir wiederum ein kleines rechteckiges Element, das wir um -45° in der Arbeitsebene drehen (mit dem kleinen Drehpfeil). Die Maße des Körpers sind 10 mm x 1 mm x 15 mm (LxBxH).

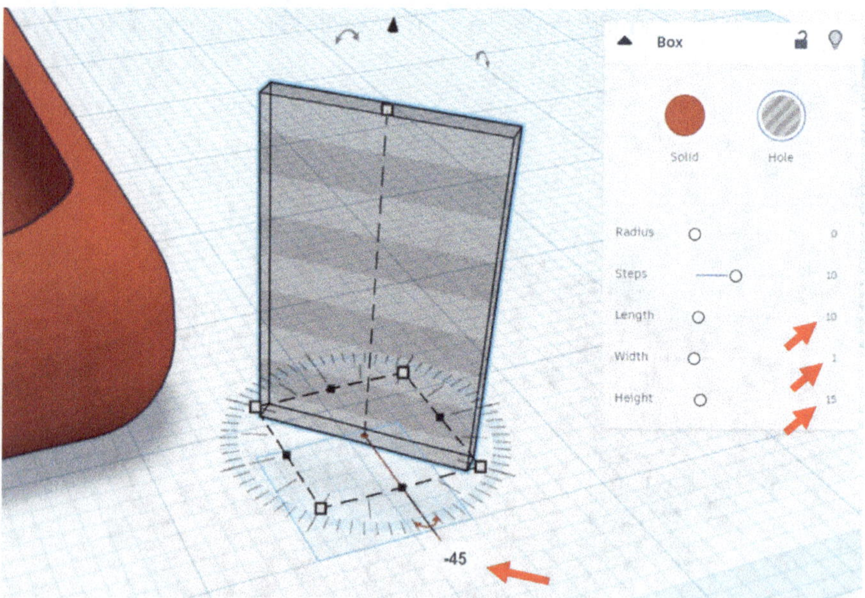

Diesen Körper setzen wir nun in eine der unteren Ecken der Hülle, wie dargestellt, und verschieben diesen im gleichen Schritt um 3 mm nach oben, sodass nach der Gruppierung folgender Einschnitt entsteht.

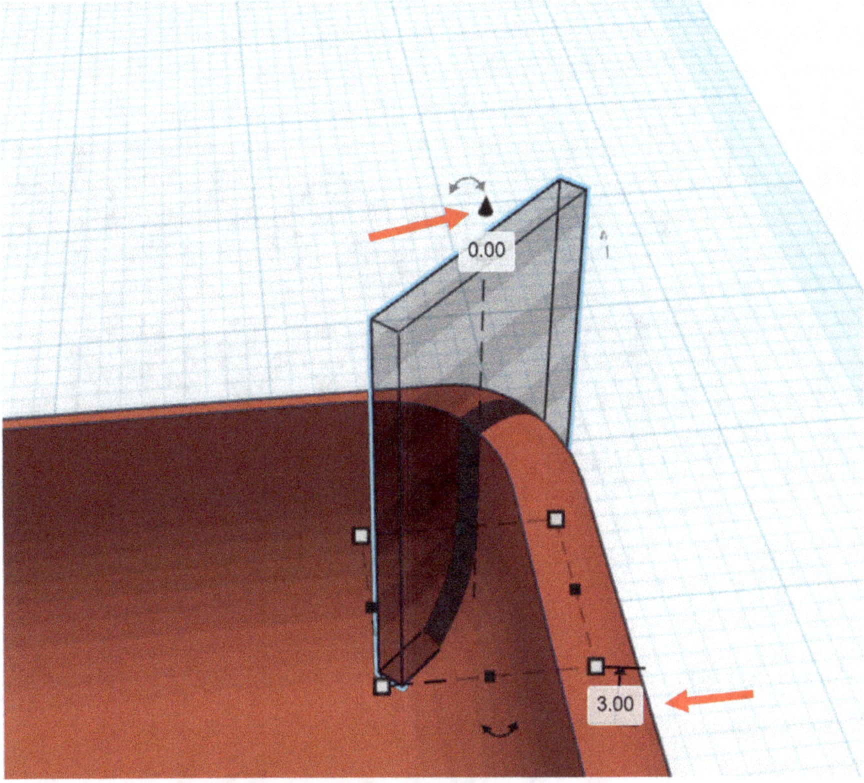

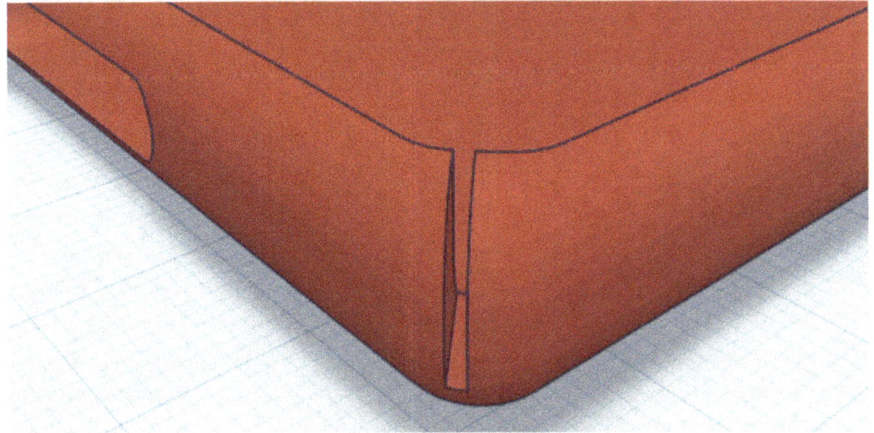

Das Gleiche machen wir auf der anderen Seite mit identischer Vorgehensweise.

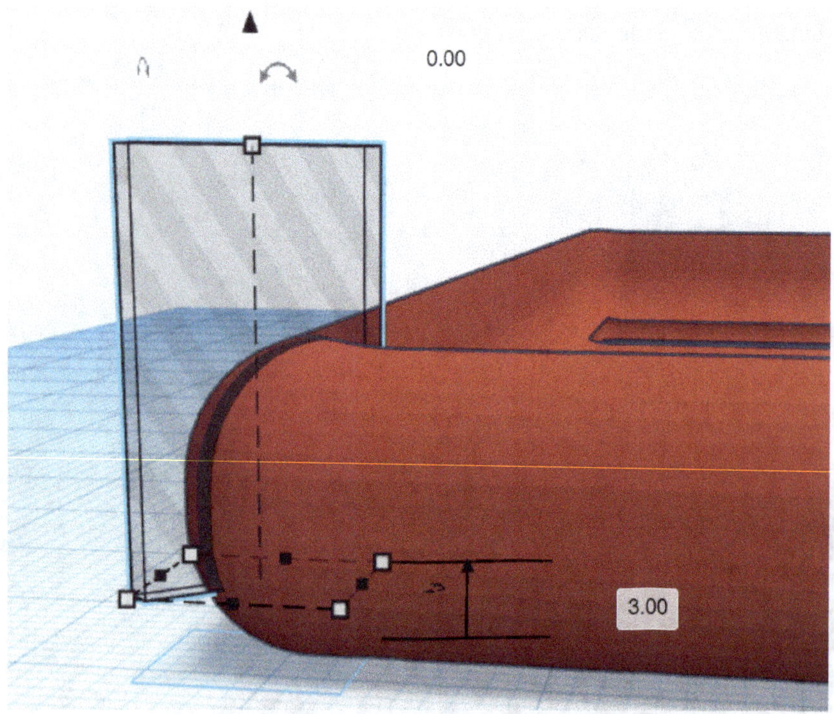

Glückwunsch! Jetzt hast du eine formschöne Smartphone-Hülle erschaffen. Speichern müssen wir übrigens nicht, das erledigt Tinkercad automatisch.

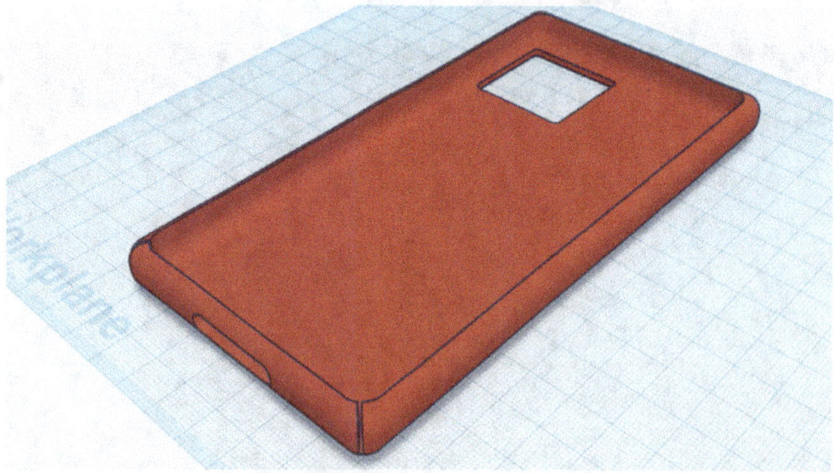

3.4 CAD-Projekt 2: Schraubenschlüssel

Unser erstes Konstruktionsprojekt haben wir abgeschlossen. Machen wir doch am besten gleich mit dem zweiten Projekt weiter!

Wir möchten uns im Folgenden ansehen, wie wir einen Schraubenschlüssel konstruieren können.

Auf der rechten Seite möchten wir aus dem Schraubenschlüssel einen klassischen Maulschlüssel machen, auf der linken Seite hingegen, werden wir unser eigenes Spezialwerkzeug erschaffen.

Wir starten dazu wieder mit einem neuen Design und erstellen zuerst den Mittelsteg des Schraubenschlüssels. Das machen wir mit einem rechteckigen Grundkörper, den wir z.B. mit 15 mm x 100 mm x 4 mm (LxBxH) bemaßen.

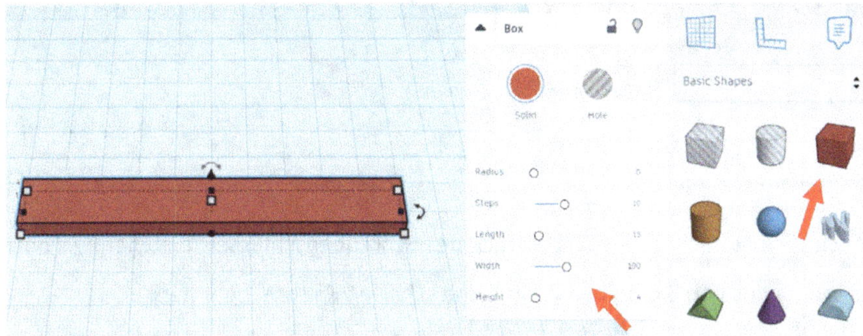

Anschließend erstellen wir zwei zylindrische Grundkörper für die Enden des Schraubenschlüssels. Die Maße sollen je 25 x 25 mm in der Ebene und 4 mm für die Höhe betragen. Die Maße kann man übrigens bei einigen Körpern, wie auch hier beim zylindrischen Grundkörper, nur durch Ziehen an den kleinen Eckpunkten abändern.

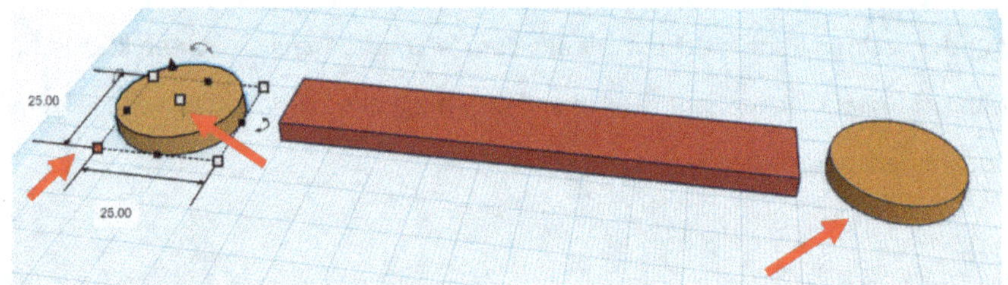

Anschließend schieben wir die Einstellregler („Sides", „Bevel", „Segments") beider zylindrischer Grundkörper ganz nach rechts, sodass wir jeweils einen glatten und abgerundeten Körper erhalten. Spiele dich am besten etwas mit den Einstellungen und du wirst sehr schnell verstehen, welcher Regler welche Änderung bringt.

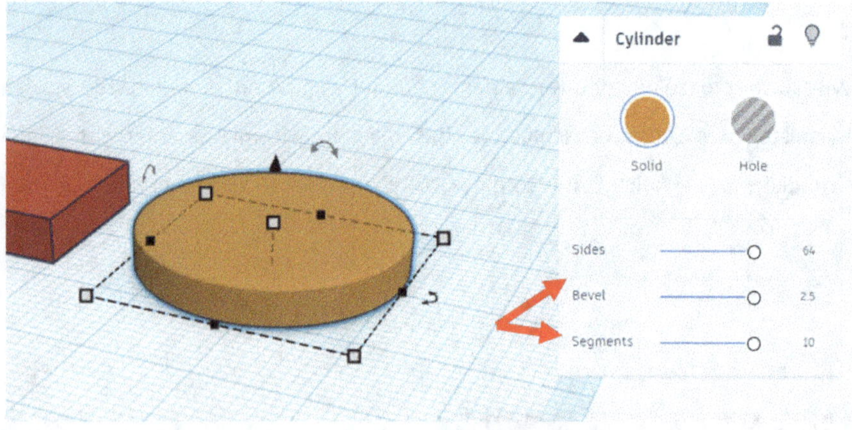

Auch für das rechteckige Mittelstück des Schraubenschlüssels erstellen wir noch einen Radius von 5 mm, damit wir keine scharfen Kanten mehr haben.

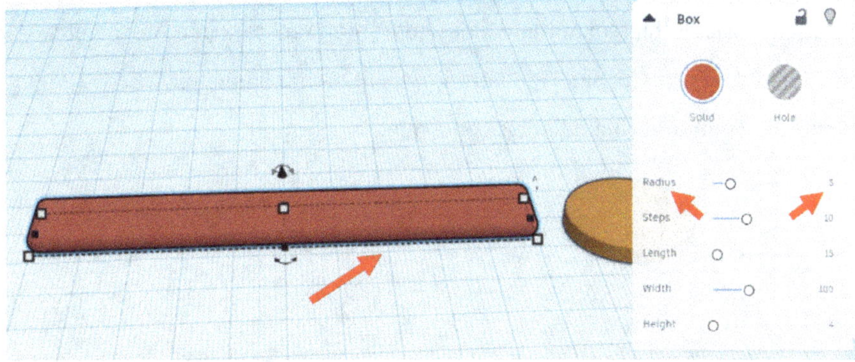

Im nächsten Schritt möchten wir die beiden zylindrischen Grundkörper an den Enden des Mittelstücks mit diesem etwas überlappen. Dazu schieben wir diese einfach etwas ineinander (ungefähr gleichmäßiger Abstand) und richten alle drei Körper anhand der Mittellinie mit "Align" wie folgt aus (dafür zuerst alle drei Körper markieren).

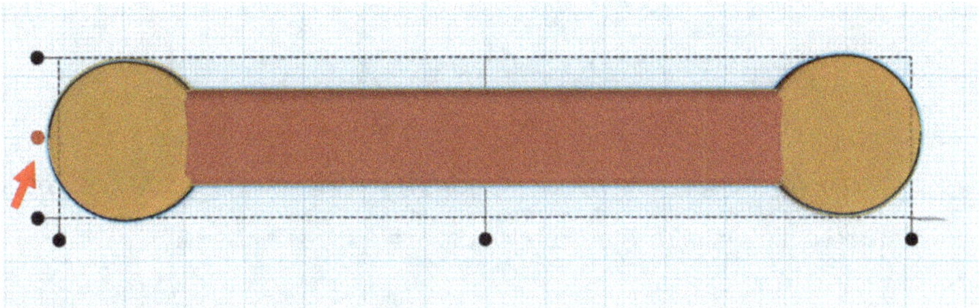

Dann verschmelzen wir die drei Körper mithilfe von "Group":

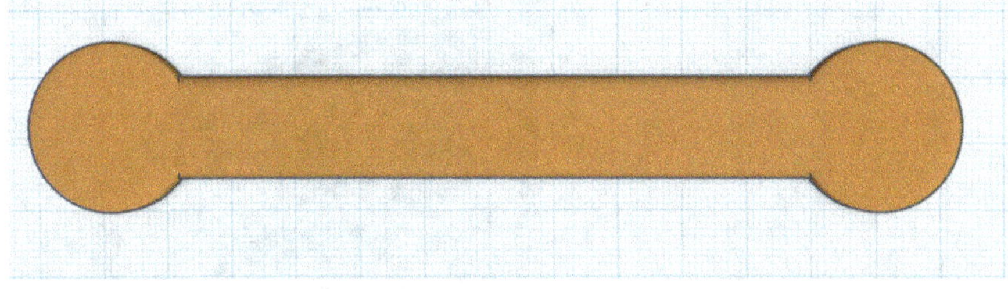

Im nächsten Schritt müssen wir noch die Öffnungen erstellen, mit denen wir später die Schraubenköpfe bewegen können. Dazu erstellen wir für die rechte Seite einen klassischen Maulschlüssel mithilfe eines gedrehten rechteckigen Ausschnitts. Wir benötigen dafür einen negativen Körper mit z.B. den folgenden Maßen: 12 mm x 20 mm x 10 mm und einem Radius von 3 mm.

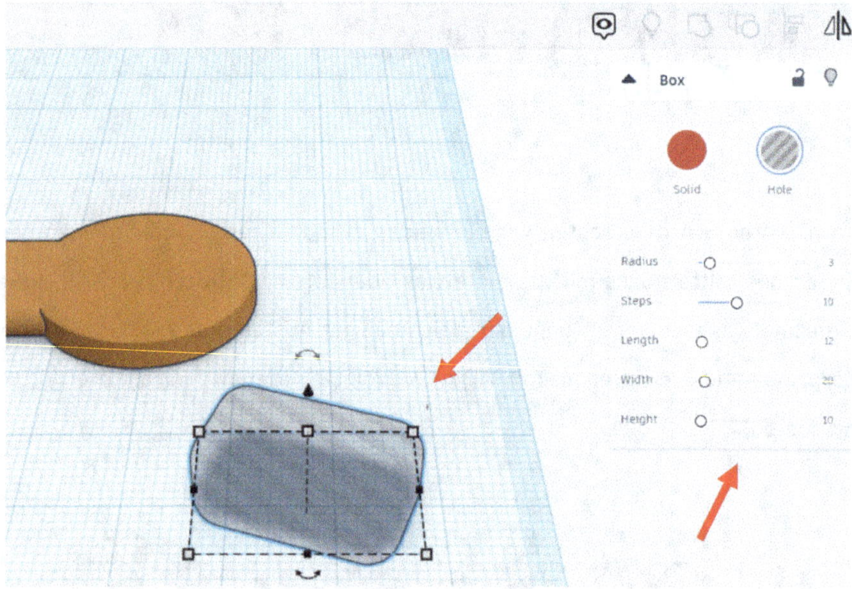

Diesen negativen Körper drehen wir auch noch um 20 Grad in der Arbeitsebene und platzieren diesen im rechten Bereich des Schraubenschlüssels.

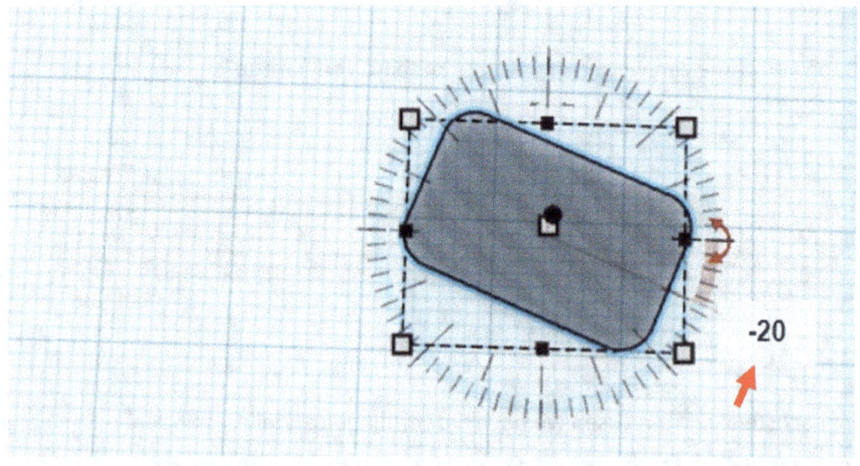

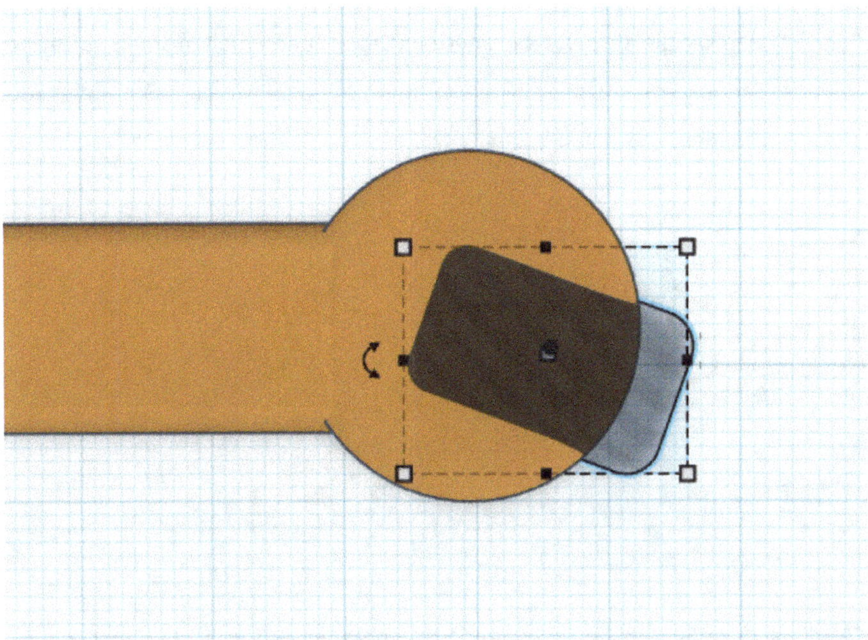

Dann müssen wir den Ausschnitt noch um 3 mm nach unten verschieben, damit die Seitenflächen keine Rundungen erhalten, sondern die Rundungen nur die hinteren Ecken betrifft.

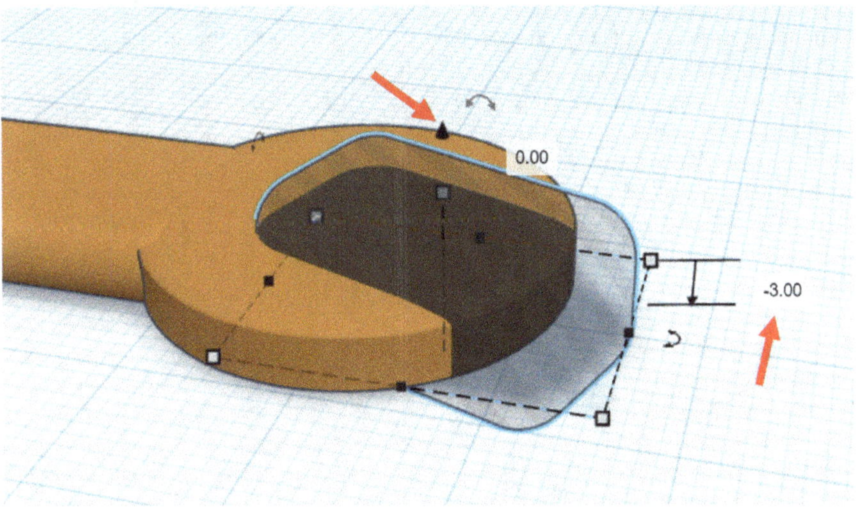

Dann können wir die Körper verschmelzen (Group) und erhalten somit auf dieser Seite des Schraubenschlüssels einen Ausschnitt, mit dem wir einen Schraubenkopf anpacken können.

Für die andere Seite könnten wir genauso vorgehen. Wir möchten aber auf der anderen Seite eine Öffnung für einen ganz besonderen Schraubenkopf erstellen. Das ist nämlich das Tolle an Tinkercad, man kann damit seiner Fantasie freien Lauf lassen und sich damit auch Werkzeug für exotische Teile selbst erzeugen, die man so z.B. nicht kaufen kann. Für die linke Seite des Schraubenschlüssels erzeugen wir also mit einer Form aus der Kategorie "Shape Generators" eine Öffnung.

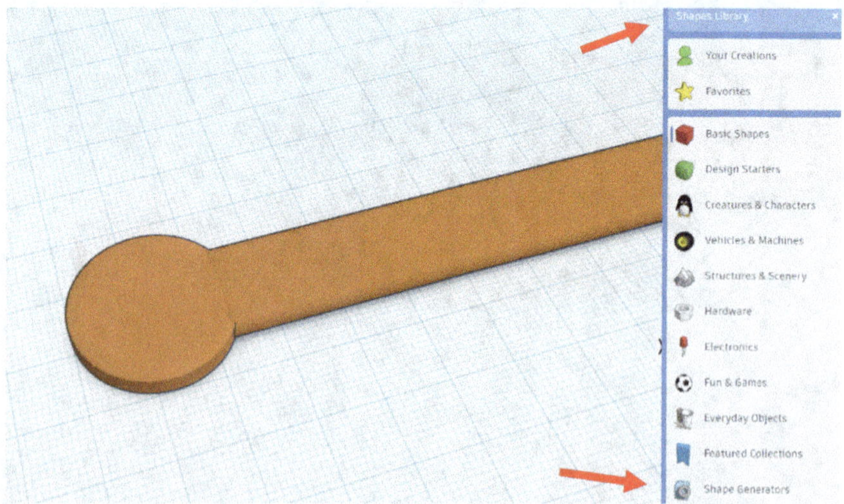

Wir wählen hierfür das Objekt "Extrusion" und schalten auf "Hole" um, da wir einen Ausschnitt benötigen. Wir platzieren es zunächst einmal nur grob im linken Bereich des Schraubenschlüssels.

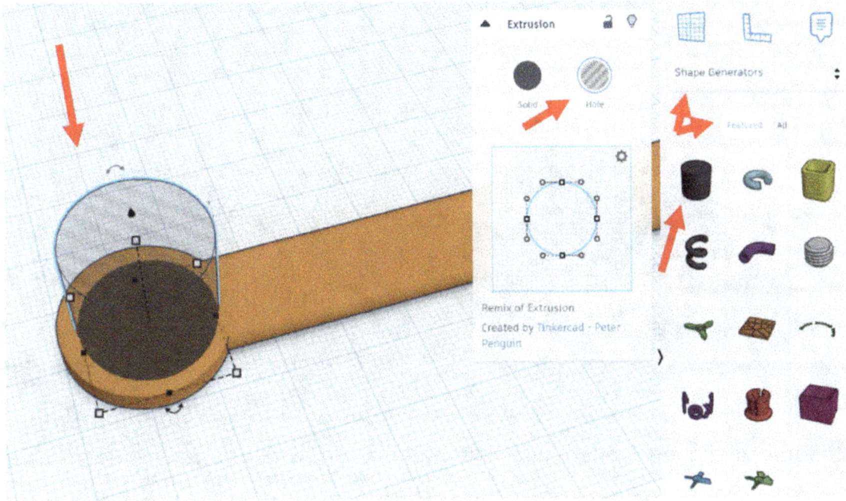

Dann können wir das Objekt so gestalten, wie wir wollen. Dazu müssen wir einfach nur auf der rechten Seite, im Einstellungsfenster, an den Punkten der Geometrie ziehen und können so eine Form erzeugen, die wir benötigen.

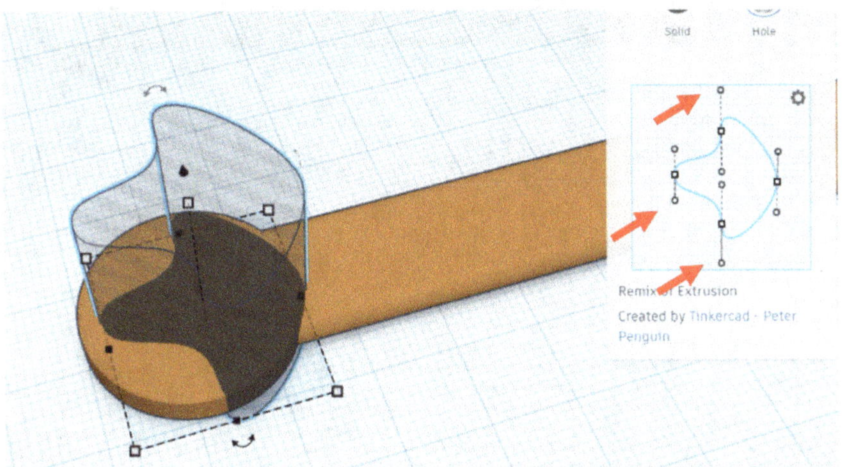

Dann können wir die Position und die Größe wie gewohnt auf der linken Seite, direkt am Körper mit den kleinen Punkten und Pfeilen abändern.

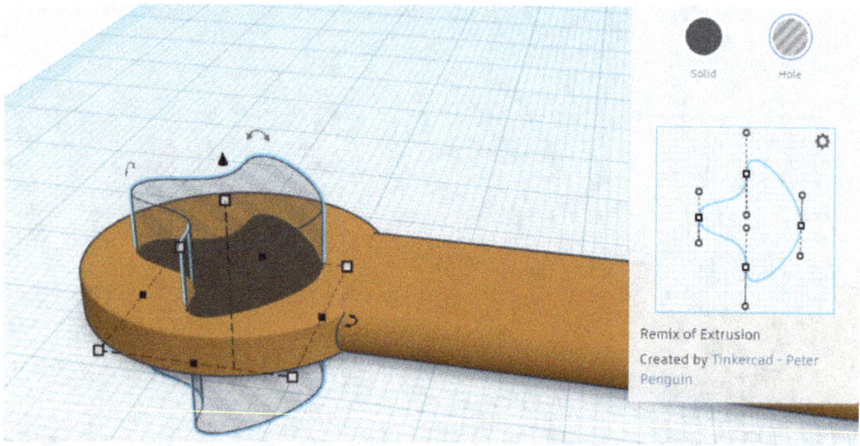

Und zuletzt können wir den Ausschnitt mithilfe von "Group" erzeugen. Jetzt haben wir ein Spezialwerkzeug für unser Vorhaben! Ausgezeichnet!

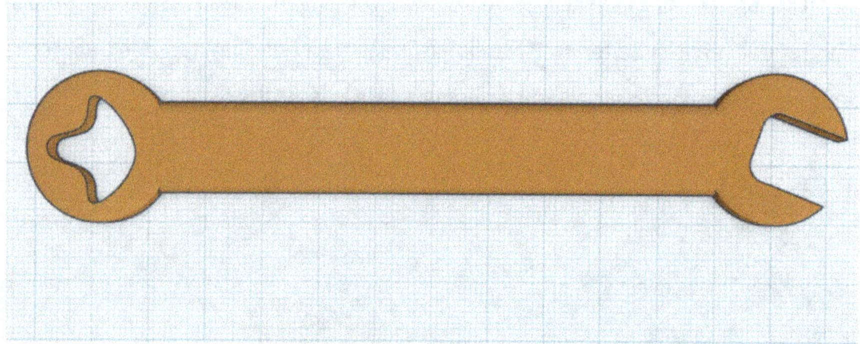

3.5 Blockbasiertes Konstruieren mit Tinkercad

Neben der bisher vorgestellten Konstruktionsmethodik in Tinkercad, die sich in der Arbeitsweise zumindest sehr grob mit der Arbeitsweise in professionellen Konstruktionsprogrammen (SolidWorks, CATIA, Inventor, …) vergleichen lässt, gibt es in Tinkercad noch einen komplett anderen Ansatz. Man kann in Tinkercad nämlich auch blockbasiert konstruieren. Normalerweise kennt man diese Arbeitsweise aus der Programmierung, bei welcher man mittels Befehlsblöcken einen Programmcode auf einfachere Weise erstellen kann. Das werden wir uns in einem der nächsten Kapitel dann übrigens noch im Detail ansehen.

Wie das für die CAD-Konstruktion von 3D-Objekten funktioniert, werden wir uns im Folgenden anhand eines Stuhls ansehen. Du kannst zuerst gerne einmal selbstständig versuchen, einen solchen Stuhl wie dargestellt, auf die bereits erlernte Art und Weise zu erschaffen. Die Maße kannst du frei wählen.

Um mit Befehlsblöcken zu konstruieren, müssen wir uns auf der Startseite in Tinkercad im Abschnitt "Designs" befinden. Hier können wir mit dem Button"+ New" und der Option "Codeblocks" ein Design für ein blockbasiertes Konstruieren erzeugen.

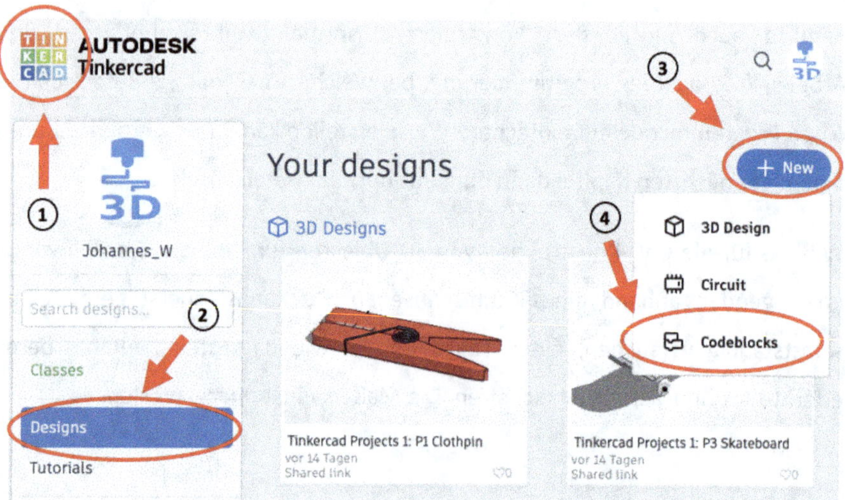

Jetzt haben wir auf der linken Seite unseren Arbeitsbereich mit den bereits vorgegebenen Codeblöcken und im rechten Bereich die 3D-Ansicht, die wir bereits gewohnt sind. Jetzt sind wir startklar und können loslegen!

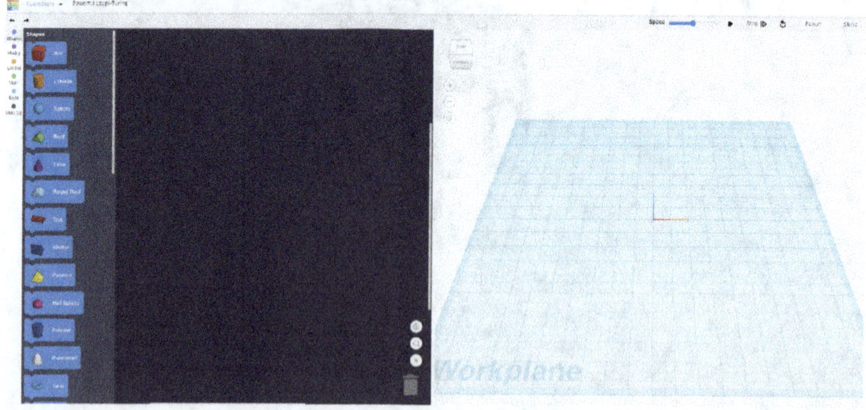

Man kann mit Codeblöcken gedanklich genauso konstruieren, wie wir es bisher gemacht haben. Was wäre im Falle des Stuhls der erste Schritt? Genau, wir würden einen rechteckigen Grundkörper erstellen. In diesem Fall erstellen wir einen Würfel für die Sitzfläche, den wir dann weiterbearbeiten. Die Lehne werden wir erst später hinzufügen. Um nun diesen Würfel für den Grundkörper zu erstellen, wählen wir im linken Bereich in der Kategorie "Shapes" den Codeblock "Box".

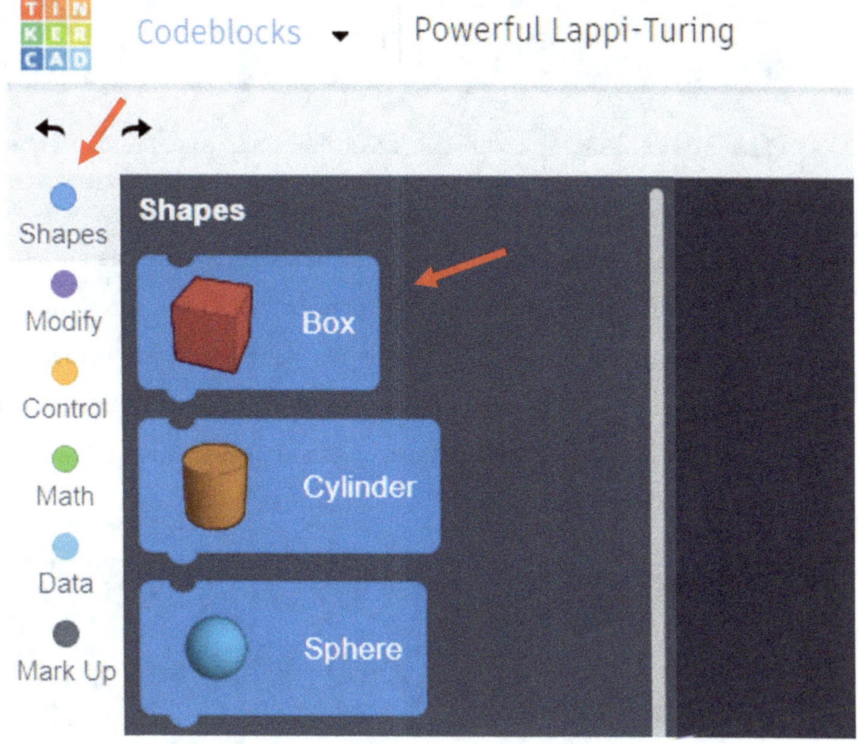

Wir klicken den Codeblock mit der linken Maustaste an, halten die Maustaste gedrückt und ziehen den Block in den dunkelblauen Arbeitsbereich. Die Erscheinungsform des Codeblocks ändert seine Gestalt dabei leicht in "Add" mit den dazugehörigen Optionen.

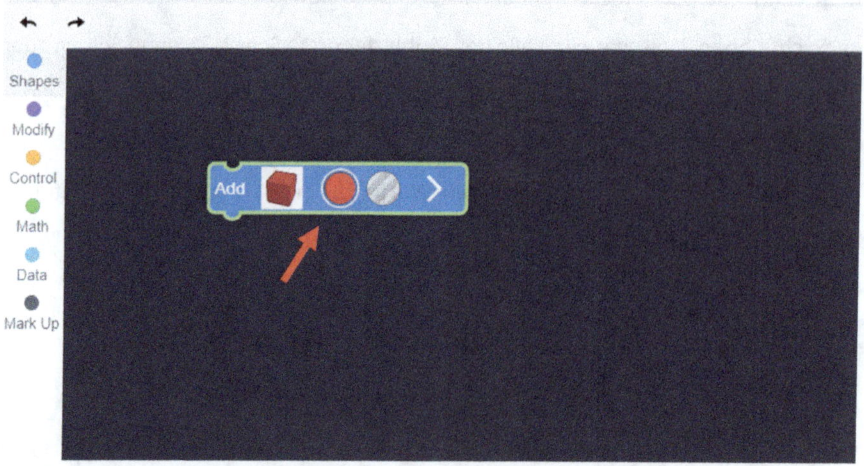

Nun haben wir den ersten Codeblock irgendwo im Arbeitsbereich platziert. Das kleine Symbol zeigt uns dabei an, welchen Grundkörper wir dem Design hinzufügen. Rechts daneben finden wir die Optionen "Solid" und "Hole" wieder, also die Einstellungen dafür, ob es ein positiver oder negativer Körper werden soll. Mit einem Klick auf den nach rechts zeigenden grauen Pfeil, können wir noch weitere Optionen, nämlich die Optionen zu den Abmaßen des Körpers öffnen (W x L x H = Breite x Länge x Höhe).

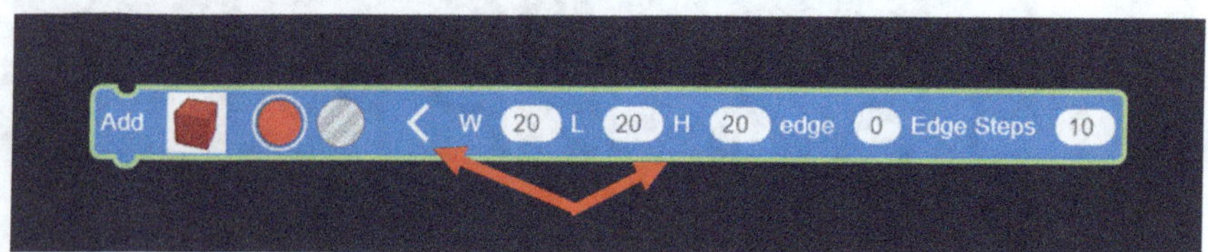

Für die anderen geometrischen Grundkörper, also z.B. Zylinder oder Kugel, ist die Vorgehensweise übrigens identisch.

Wir möchten für den Stuhl nun einen Würfel mit den Maßen 50 mm x 50 mm x 50 mm. Die Maße einfach eintragen. Zudem ändern wir die Farbe noch in dunkelblau, oder auch in eine andere, die dir gefällt.

Wenn wir nun rechts im Bereich der 3D-Anzeige in der oberen Leiste auf das Play-Symbol drücken, baut das Programm die Schritte nach, die wir mit den Codeblöcken vorgegeben haben. Da wir bisher nur die Erstellung eines blauen 50x50x50 Würfels vorgegeben haben, wird nur dieser erstellt. Normalerweise werden die Konstruktionsschritte aus den Codeblöcken hier nacheinander Schritt für Schritt animiert. Das sehen wir dann später.

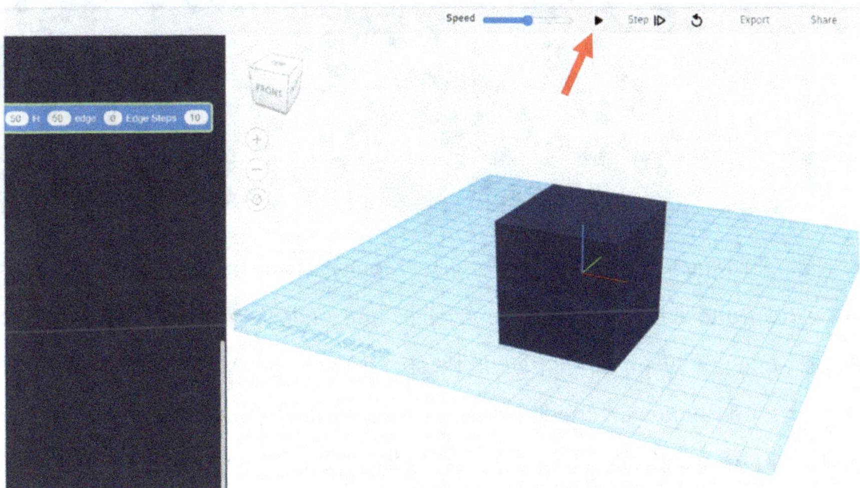

In der Leiste, in der sich das Play-Symbol befindet, können wir auch noch mit einem Regler die Geschwindigkeit der Animation anpassen. Außerdem können wir jeden einzelnen Schritt manuell mit dem Button "Step" durchgehen. Mit dem Kreispfeil können wir die Animation zurücksetzen und nochmals von vorne beginnen. Die restlichen beiden Buttons "Export" und "Share" sollten selbsterklärend sein.

Wenn wir auf diese Weise einen Körper in Tinkercad hinzufügen, wird dieser übrigens mit seinem Ursprung immer in der Koordinatenmitte des Arbeitsbereichs abgelegt. Deshalb ragt er sowohl nach oben als auch nach unten über die Ebene hinaus. Da wir aber nur oberhalb der Ebene konstruieren möchten, müssen wir den Würfel nun mit Move verschieben. Nun kann man sich die Codeblöcke ähnlich wie Bauklötze vorstellen, die einfach übereinander, oder in diesem Fall untereinander gesetzt werden. Wie bei einem Puzzle, haben die Codeblöcke bestimmte Formen, sodass nur zusammenpassende Codeblöcke aneinandergesetzt werden können.

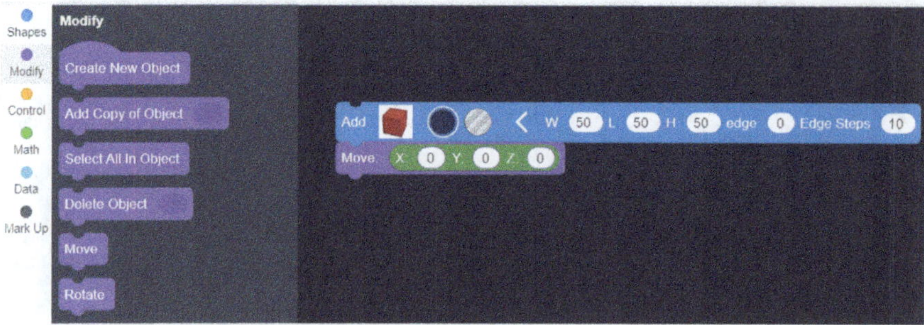

Den Befehl Move finden wir im Bereich "Modify". Einfach den Codeblock links auswählen und nach rechts hinüberziehen und andocken. Man hört dann ein Plopp-Geräusch, wenn der Block korrekt sitzt. Mit Move können wir den darüber erstellten Körper nun im dreidimensionalen Raum bewegen. In diesem Fall steht x und y für eine waagrechte bzw. senkrechte Bewegung in der Ebene und z für eine Bewegung aus der Ebene nach oben oder unten. Das Vorzeichen vor dem Wert bestimmt die Richtung, also nach links, rechts, oben oder unten. Wir benötigen in unserem Fall eine +25 mm Verschiebung nach oben, damit der Würfel mit seiner Unterseite auf der Arbeitsebene sitzt. 25 mm deshalb, da das Koordinatensystem genau mittig sitzt, also auf halber Höhe (50 mm / 2 = 25 mm) des Würfels. In x-Richtung und in y-Richtung müssen wir keine Verschiebung vornehmen.

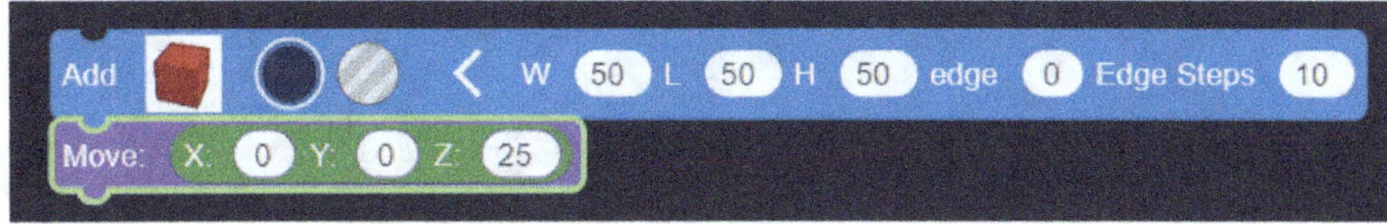

Ein Klick auf das "Play" bzw. "Step" oder "Next"-Symbol animiert uns dann die Verschiebung. Jetzt haben wir den Grundkörper. Jetzt müssen wir noch die Lehne ergänzen. Aus dem Grundwürfel werden wir danach im unteren und inneren Bereich Ausschnitte vornehmen, sodass wir nur eine Sitzfläche und vier Stuhlbeine erhalten.

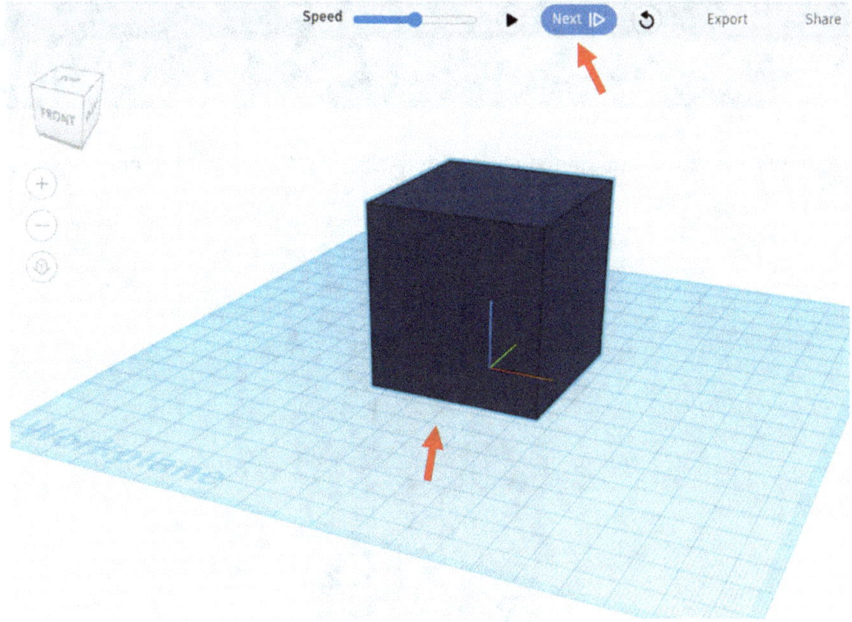

Für die Lehne erstellen wir wiederum einen rechteckigen Grundkörper in der gleichen Farbe und mit den Maßen: 50 x 10 x 50 mm. Dazu benötigen wir einen weiteren Codeblock, den wir einfach wieder unterhalb unserer Blöcke ergänzen.

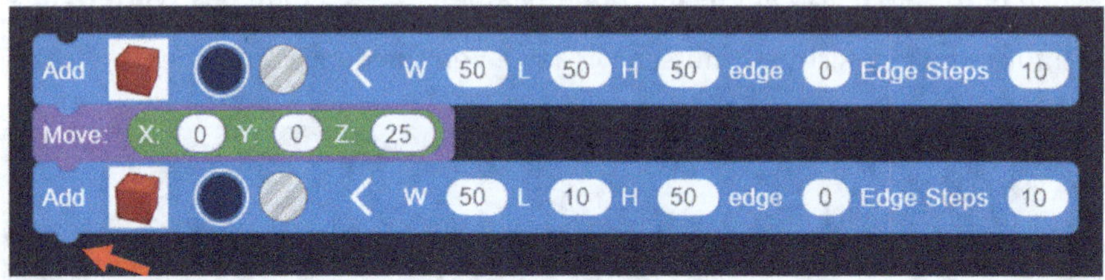

Wir wollen den Körper nun auch gleich noch verschieben, da dieser sonst wieder im Ursprung erscheinen wird. Die korrekten Koordinaten für die Verschiebung habe ich bereits vorher ausprobiert. Diese sind: x = 0, y = 20, z = 75.

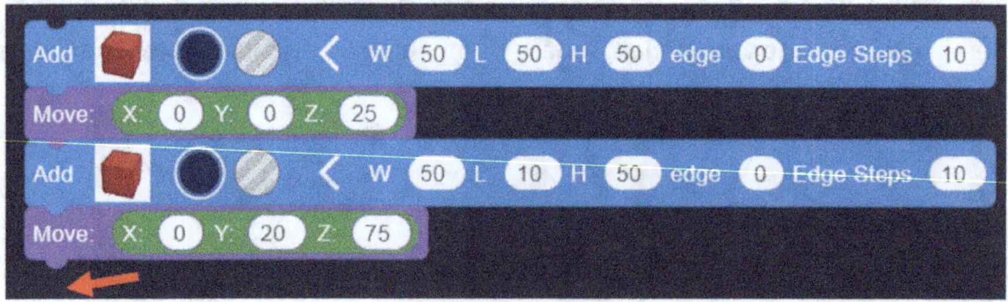

Wenn wir die Animation dann weiterlaufen lassen, erhalten wir folgendes Modell:

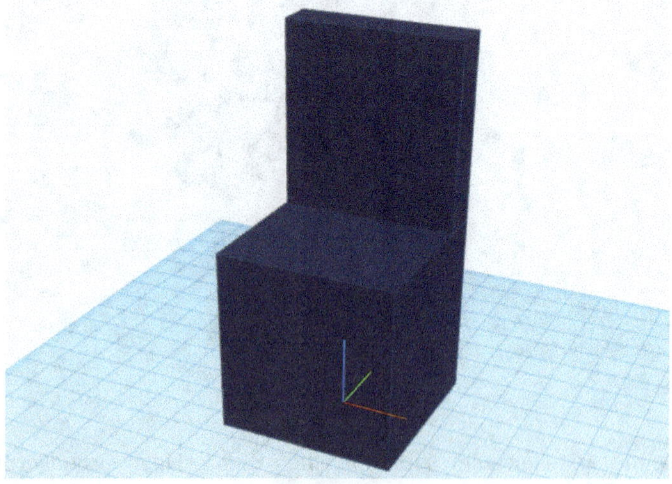

Damit wir nun die Stuhlbeine erhalten, können wir nun das überflüssige Material im Bereich des unteren Würfels entfernen. Dazu erstellen wir nun zwei negative

Körper. Zuerst erstellen wir einen negativen Körper mit den Maßen 50 x 30 x 40 mm und verschieben diesen mit x = 0, y = 0, z = 20.

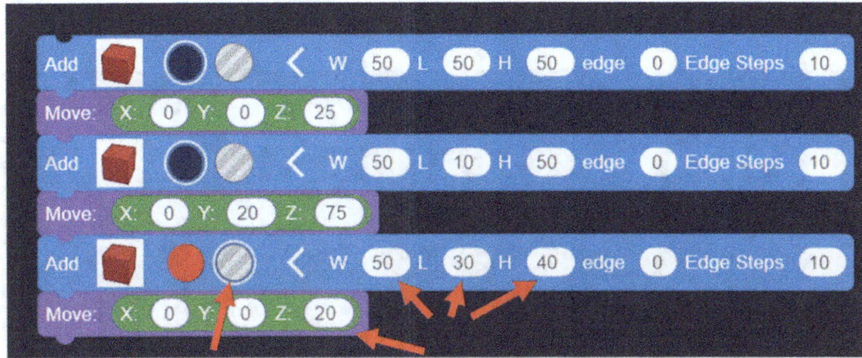

Wir erhalten dadurch einen negativen Körper in der waagrechten Richtung. Diesen würden wir nun normalerweise mit dem anderen Körper gruppieren, um einen Ausschnitt zu erhalten. Die Gruppierung machen wir in diesem Fall aber erst später.

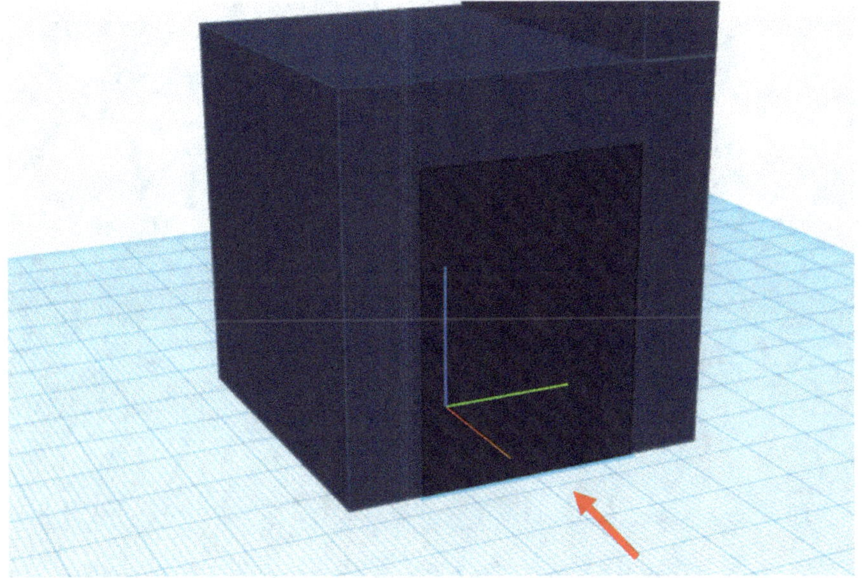

Für die andere Richtung benötigen wir einen ähnlichen negativen Körper. Nur die Maße sind hier vertauscht. Wir benötigen 30 x 50 x 40 mm. Zudem verschieben wir auch diesen Körper wieder um 20 mm in der z-Richtung.

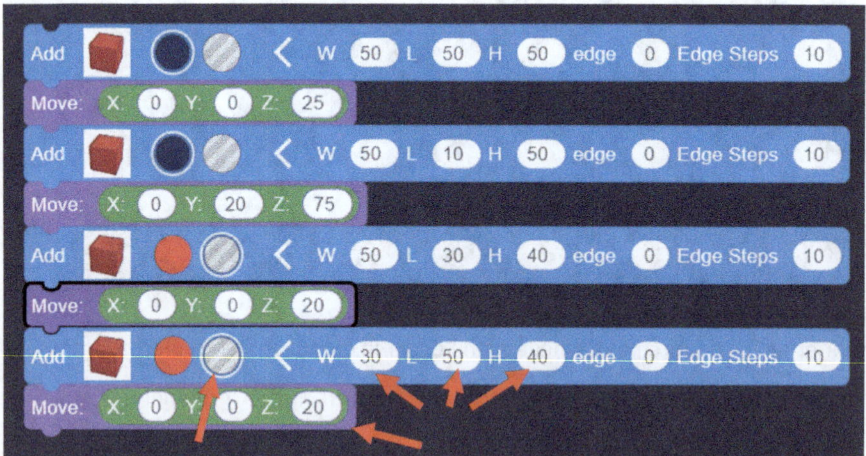

Dann ergänzen wir noch zwei negative Körper für die Lehne und verschieben diese.

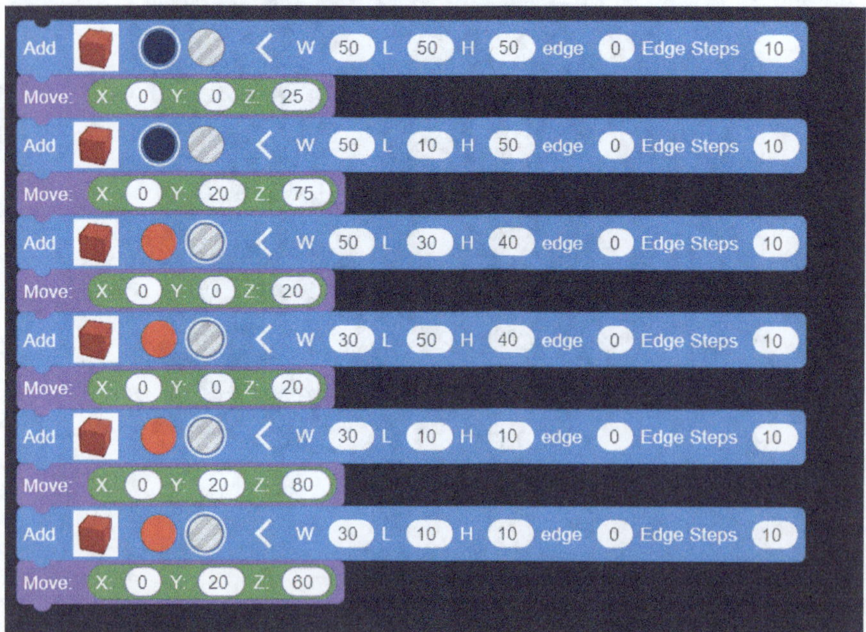

Zuletzt nutzen wir die beiden Codeblöcke "Select all in Object" und "Group", damit wir eine Verbindung zwischen den einzelnen Körpern erstellen und den fertigen Stuhl erhalten. Dann einfach auf Play drücken und bei der Konstruktion zusehen.

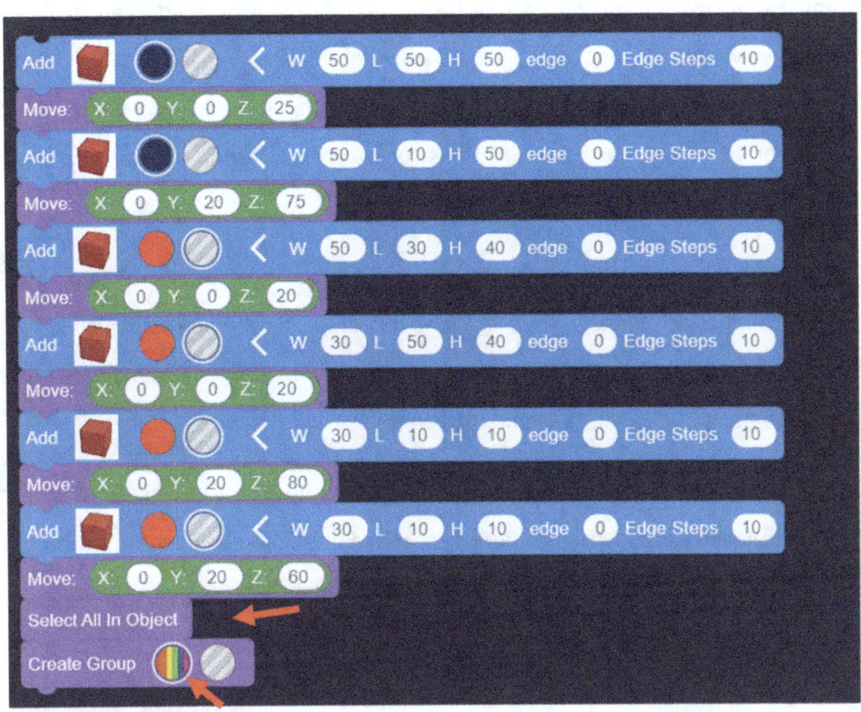

4 Elektronische Schaltungen mit Tinkercad

4.1 Eine elektronische Schaltung in Tinkercad erstellen

Kommen wir nun zum zweiten Teil dieses Kurses. Mit Tinkercad kann man wie bereits erwähnt nämlich nicht nur konstruieren, also mechanische Projekte verwirklichen, sondern auch elektronische Schaltungen entwerfen und z.B. mit dem Mini-PC Arduino arbeiten. Wie das funktioniert, werden wir uns in diesem Kapitel Schritt für Schritt und im Detail ansehen.

Zuerst noch ein Warnhinweis: *Strom, besonders Wechselstrom und hohe Stromstärken, sind lebensgefährlich. Wenn du deine Schaltungen also auch in echt nachbauen möchtest und nicht nur am PC, dann hol dir lieber noch jemanden dazu, der sich bereits gut mit dem Thema auskennt.*

Um elektronische Schaltungen zu entwerfen, müssen wir uns in Tinkercad auf der Startseite im Bereich "Designs" befinden. Hier können wir mit "+ New" und der Auswahl der Option "Circuit" eine neue Schaltung erstellen.

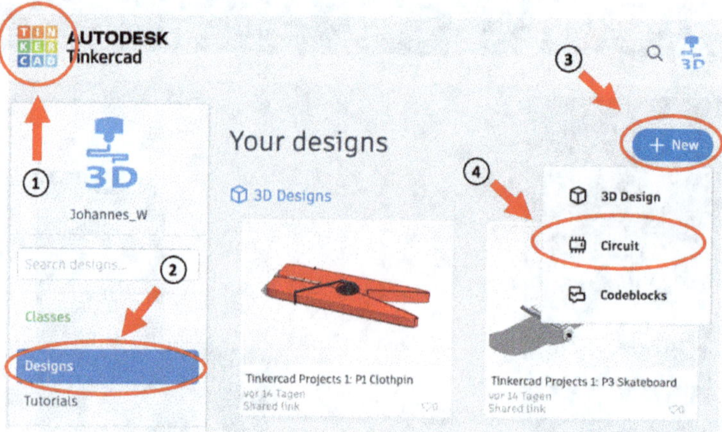

Bevor wir das machen, lernen wir aber zuerst noch ein paar Hintergrundinformationen zu Strom und Spannung und tauchen in die Welt der Elektrotechnik ein.

4.2 Hintergrundwissen – Grundlagen Elektrotechnik

4.2.1 Elektrizität

Elektrizität entsteht dadurch, dass Elektronen von einem Ort mit höherem Potential (höherer Energie) zu einem Ort mit niedrigerem Potential (niedrigerer Energie) strömen. Man kann es sich relativ gut anhand eines Wasserfalls vorstellen. Das Wasser (stellt die Elektronen dar) fließt vom oberen Punkt des Wasserfalls (hohes Potential, hohe potentielle Energie) zum unteren Punkt des Wasserfalls (niedriges Potential, niedrigere potentielle Energie). Die potentielle Energie wird bei diesem Vorgang in Bewegungsenergie umgewandelt, darum "verliert" es dabei diesen hohen Energiezustand (eigentlich wird diese Energie aber, wie gesagt, umgewandelt). In ähnlicher Weise möchte das Elektron von einem Ort mit höherer Spannung (hohes Potential) zu einem Ort mit niedrigerer Spannung (niedriges Potential) fließen.

Die Spannung ist die Einheit der elektrischen Energie, die von der Batterie "erzeugt" wird. Die Batterie oder auch eine andere Spannungsquelle hat zwei

Anschlüsse. Ein Anschluss wird als Minuspol und der andere Anschluss als Pluspol bezeichnet. Am Pluspol ist das Spannungs-Potential höher als im Vergleich zur negativen Seite. Der Strom fließt also von der positiven Seite (Pluspol) zur negativen Seite (Minuspol), wenn man die technische Stromrichtung betrachtet.

Man kann sich eine Batterie oder eine andere stromerzeugende Quelle sinnbildlich vorstellen wie die Funktionsweise einer Pumpe. Eine Batterie z. B. "erzeugt" Spannung bzw. Energie durch eine elektrochemische Reaktion im Inneren (Umwandlung von Energie). Diese Spannung bzw. diese Energie fließt aus dem Pluspol in Form von Elektronen (diese Elektronen stehen hier sinnbildlich für die Wassermoleküle, die hinausgepumpt werden). Um nun die "verlorenen" Elektronen auszugleichen, zieht die Batterie (ähnlich einer Ansaugpumpe) durch den Minuspol die gleiche Anzahl von Elektronen wieder an.

4.2.2 Stromkreis

Was ist ein Stromkreis? Ein Stromkreis ist einfach gesagt eine Anordnung von verschiedenen Bauteilen mit einer elektrisch leitenden Verbindung zwischen diesen Bauteilen. Damit eine elektrische Schaltung oder ein Stromkreis funktioniert, benötigt man eine Energiequelle / Stromquelle, also z. B. eine Batterie und einen Verbraucher, z. B. eine Glühbirne, sowie Verbindungen zwischen diesen beiden Bauteilen, die man als Leiter bezeichnet. Diese Bauteile werden in der Elektrotechnik in einem Stromkreis oder einer Schaltung als Symbolzeichen wie folgt dargestellt:

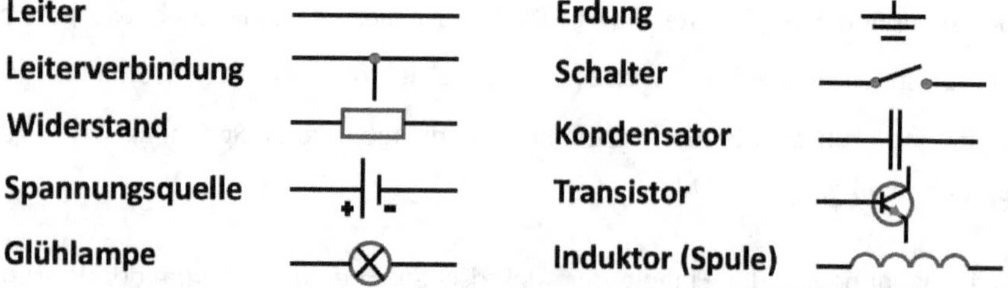

Damit nun z. B. eine Lampe, wie in der nachfolgenden Abbildung dargestellt, leuchtet, muss der Stromkreis geschlossen sein, d. h. es muss eine Verbindung zwischen den beiden Polen (+ und -) einer Stromquelle (z. B. Batterie) und der Glühlampe vorhanden sein. Wenn das der Fall ist, fließt Strom von einem Pol der Stromquelle (z. B. Batterie) durch die Glühlampe hindurch und zurück zum anderen Pol der Stromquelle. Wenn diese Verbindung getrennt wird, z. B. durch einen Schalter, fließt kein Strom mehr und die Lampe leuchtet nicht mehr. In diesem Fall spricht man von einem offenen Stromkreis. Ein Kurzschluss kommt zustande, falls der Strom ungehindert und ohne, dass er zuvor durch ein elektrisches Bauteil fließt, von einem Pol der Stromquelle zum anderen Pol fließen kann (z. B. durch eine <u>nicht</u> isolierte Stelle eines Kabels auf einer Metalloberfläche). Der Strom nimmt nämlich immer den Weg des geringsten Widerstands.

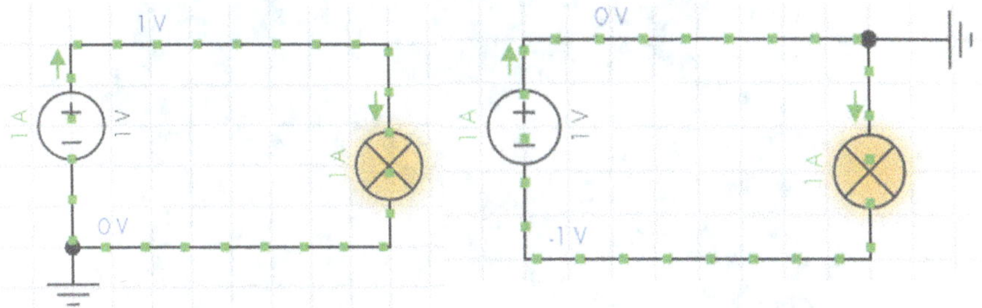

Ein Schaltplan ist das grundlegende Konzept einer elektrotechnischen Schaltung, das man z. B. auf einem Stück Papier oder mithilfe eines Computer-Programms aufzeichnen kann (siehe Bild oben).

Einen solchen Schaltplan kann man auch etwas anschaulicher gestalten (siehe Bild unten). Man kann solche Schaltpläne, z.B. für den Mini-PC Arduino, in Tinkercad erstellen. Wie wir auf dem Bild unten sehen können, ist in diesem Fall z. B. eine LED mit einem Widerstand über farbige Kabel mit einem Arduino Uno verbunden. Die Farben der Kabel haben dabei jeweils eine Bedeutung, die dabei hilft, eine korrekte Verdrahtung vorzunehmen. Allgemein werden rote Drähte bei Gleichstrom für die Verbindung mit dem Pluspol und schwarze Drähte für die

Verbindung mit dem Minuspol einer Stromquelle verwendet. Bei Wechselstrom gibt es andere Farben und Bezeichnungen, die wir hier aber nicht näher erläutern.

4.2.3 Die Diode und die Leuchtdiode (LED)

Eine Diode ist ein Halbleiterbauteil der Elektronik, welches die Eigenschaft hat, Strom nur in eine Richtung hindurchzulassen (Durchlassrichtung). Die andere Richtung ist für den Stromfluss gesperrt (Sperrrichtung). Man kann sich eine Diode einfach wie ein Ventil vorstellen.

Die einfachste Anwendung einer Diode ist die LED. Die LED (engl: light-emitting diode) ist ein Halbleiterbauteil, welches Licht produziert, wenn es unter Strom steht. Das Licht entsteht dadurch, dass Strom von einer Gleichstromquelle zur Diode und durch diese hindurchfließt. Da eine LED ein Halbleiterbauteil ist, hat diese ebenfalls eine Durchlassrichtung. Das heißt, dass Strom nur in diese Richtung hindurchfließen kann. Wenn eine LED falsch angeschlossen ist, wird kein Licht produziert. Die Farbe des Lichts und ob es sichtbar ist oder nicht (z. B. Infrarot; allgemein bestimmt durch die Wellenlänge) wird über die verwendete Dotierung und das Material gesteuert. Zwei große Vorteile von LEDs sind: a) die hohe Lebensdauer, b) der geringe Stromverbrauch. Im Vergleich zu den altmodischen Glühlampen kann eine LED eine Lebensdauer von mehreren 10.000 Stunden erreichen und hat einen um ein Vielfaches besseren Wirkungsgrad. Warum ist das so? Herkömmliche Glühlampen produzieren neben sichtbarem Licht einen enormen Anteil an Wärme, d. h. die Energie, die aufgewendet wird, wird nicht nur in Licht, sondern vor allem in Wärme umgewandelt. Bei LEDs entsteht nur wenig Wärme als "Abfall- bzw. Nebenprodukt" und fast die gesamte Energie kann für die Erzeugung des Lichts aufgewendet werden. Es gibt mittlerweile verschiedene Arten von LED. Die einfachste Bauweise ist in der folgenden Abbildung dargestellt.

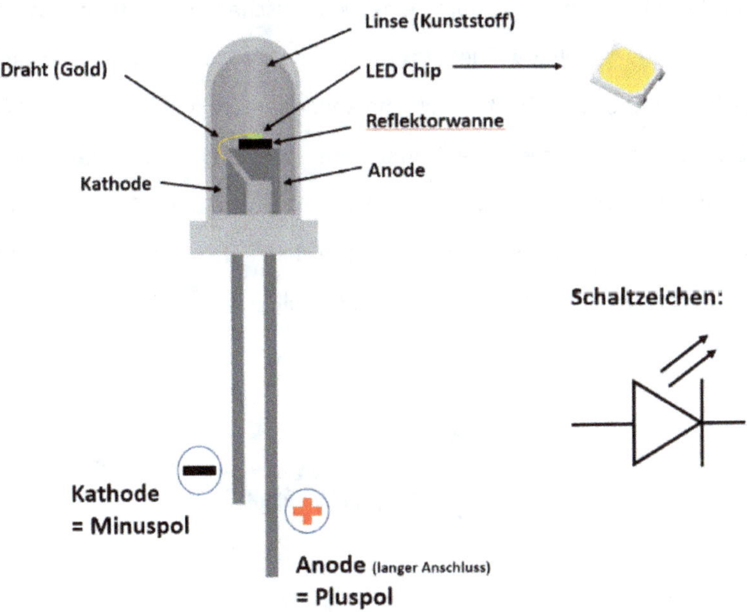

Das Herzstück und zugleich auch das eigentliche Halbleiterelement der abgebildeten LED ist der LED-Chip, der auf einem Reflektor auf der Anode platziert ist und das Licht abstrahlt. Das Schaltzeichen einer LED besteht aus dem Dioden-Schaltzeichen mit zwei zusätzlichen schrägen Pfeilen, die abstrahlendes Licht darstellen sollen.

4.2.4 Der Widerstand

Widerstände sind Bauteile, die hauptsächlich dazu verwendet werden können, um einen Widerstand gegen etwas aufzubringen. In diesem Fall wirkt der Widerstand gegen den Stromfluss und kann dazu dienen, den Stromfluss in ein Bauteil, welches an dem Widerstand angeschlossen ist, zu begrenzen. Im Grunde hat jeder Leiter (Draht oder Ähnliches) einen Widerstand, der sich je nach Länge und Querschnitt berechnen lässt. In unserem Fall setzen wir sogenannte Schichtwiderstände (eine Bauform eines Widerstandes) ein. Hier gibt es z. B. die Kohleschichtwiderstände und die Metall- oder auch Metalloxidschichtwiderstände. Bei diesen Bauformen kommt der Widerstandswert durch einen keramischen Kern mit einer Schicht aus Kohle oder eben Metall bzw. Metalloxid zustande. Den Widerstandswert kann man entweder mithilfe eines Multimeters messen, oder direkt am Widerstand anhand der farbigen Ringe ablesen. Jeder Widerstand hat einen Farbcode bestehend aus 5 Ringen, die den Widerstandswert offenbaren. Wie man diese Farbcodierung liest, muss ausführlich erklärt werden und würde daher den Rahmen dieses Kapitels sprengen. Man kann diese Codierung einfach online nachschlagen.

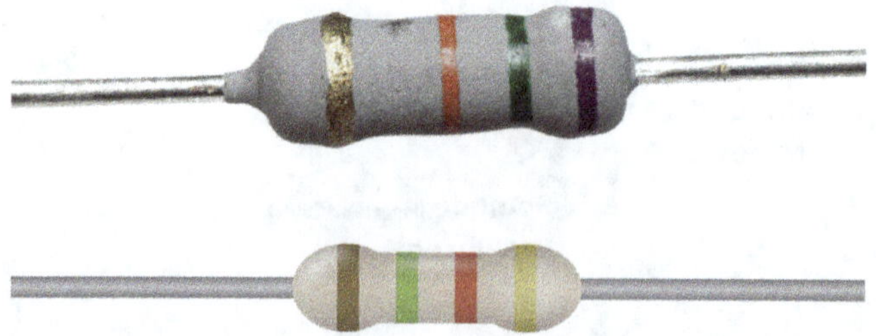

4.3 Arbeitsumgebung: "Circuits"

Jetzt wollen wir uns damit befassen, wie wir in Tinkercad Schaltungen erstellen können. Sobald wir ein neues "Circuit"-Projekt erstellt haben, öffnet sich der Arbeitsbereich für die Erstellung von elektrotechnischen Schaltungen.

Bevor wir unsere erste Schaltung erstellen und dann zu ein paar verschiedenen Projekten kommen, die wir Schritt für Schritt gemeinsam erstellen werden, werfen wir zunächst einen Blick auf die Arbeitsumgebung und dessen Funktionen.

Der graue Bereich, der in diesem Fall kein Raster oder Ähnliches hat, ist unsere Arbeitsebene, auf der wir unsere Schaltungen entwerfen. Mithilfe des Mausrads kann man auch hier die Zoomfunktion nutzen. Ansonsten kann man die Bauteile auch verschieben, das geht sowohl mit gedrückter linker Maustaste als auch mit gedrückter rechter Maustaste, oder auch mit gedrücktem Mausrad. Mit dem Rechteck-Symbol links oben, können wir die Bauteile in das Fenster einpassen ("Zoom to fit"), dadurch werden diese auf eine angemessene Größe gezoomt.

Auf der rechten Seite befinden sich alle verfügbaren elektronischen Bauteile, wie z.B. eine LED, ein Widerstand, ein Schalter, ein Kondensator oder auch eine Batterie. Es gibt hier auch eine Suchfunktion und die Möglichkeit noch weitere Bauteile anzeigen zu lassen (von "Basic" auf "All" im Dropdownmenü wechseln). Zudem kann man mit dem kleinen Listen-Symbol rechts oben in eine andere Anordnung, die Listenansicht, wechseln. Einfach einmal ausprobieren. In der Listenansicht erhält man auch jeweils eine Kurzbeschreibung zu den Bauteilen.

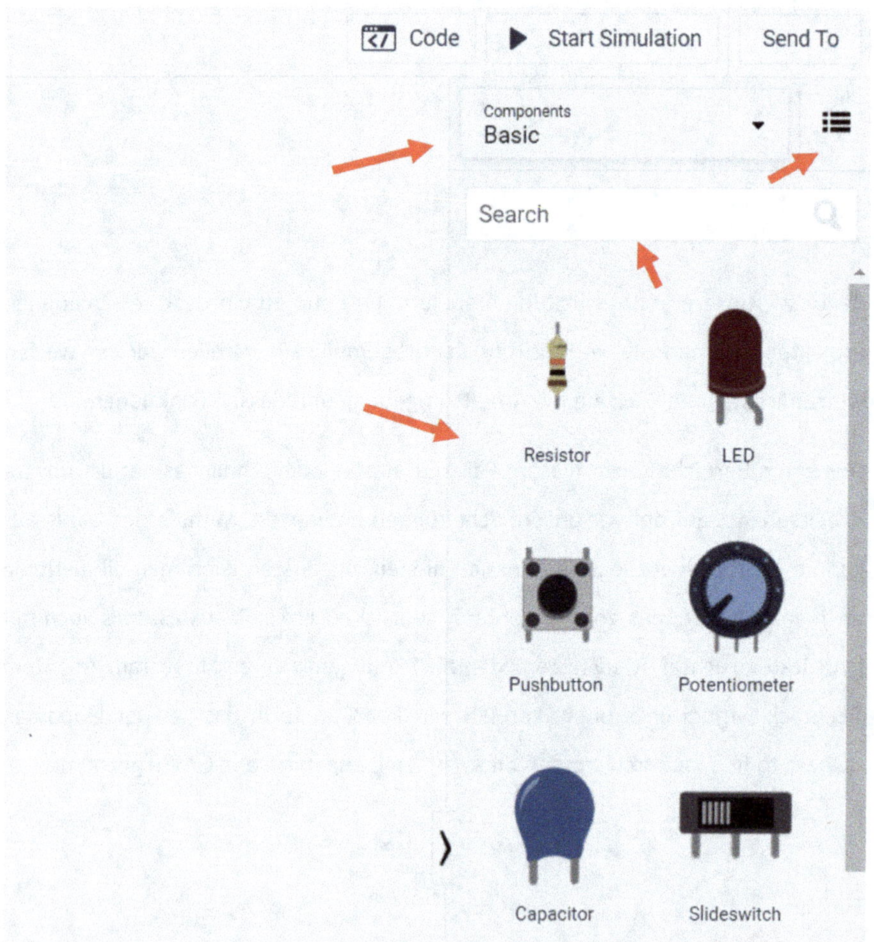

Um ein Bauteil zu seiner Schaltung hinzuzufügen, muss man es einfach nur anklicken und sich mit der Computermaus dann in den Arbeitsbereich (links) bewegen. Mit einem weiteren Klick kann man das Bauteil dann an beliebiger Position ablegen. Machen wir das z.B. einmal mit einem Widerstand ("Resistor"). Sobald wir diesen platziert haben, öffnet sich oben rechts ein kleines Fenster, in dem man Einstellungen zum Bauteil machen kann. Wir können hier einen Namen vergeben und im Fall des Widerstands, den Widerstand einstellen, z.B. 1 kOhm (1000 Ohm). Dieses Einstellungsfenster können wir mit einem Klick auf das Bauteil öffnen und mit einem Klick in die Ebene wieder schließen.

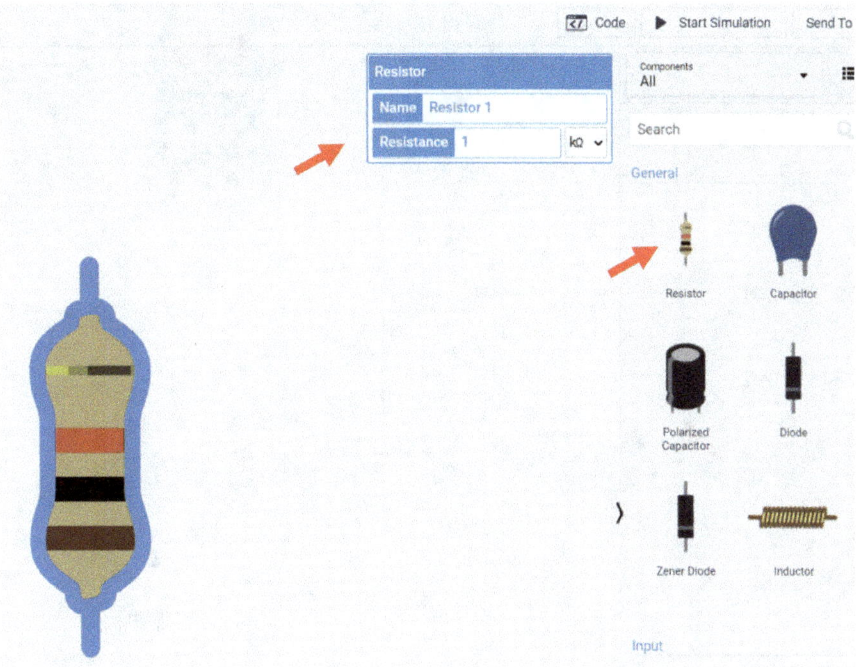

Im Bereich oben links finden wir noch eine Leiste, mit der wir wieder Grundfunktionen, wie z.B. Rotieren, Löschen, Rückgängig und Wiederholen vornehmen können. Zudem kann man hier das Notizentool und die Sichtbarkeit von Notizen regeln und die Farbe und den Typ von Drähten abändern.

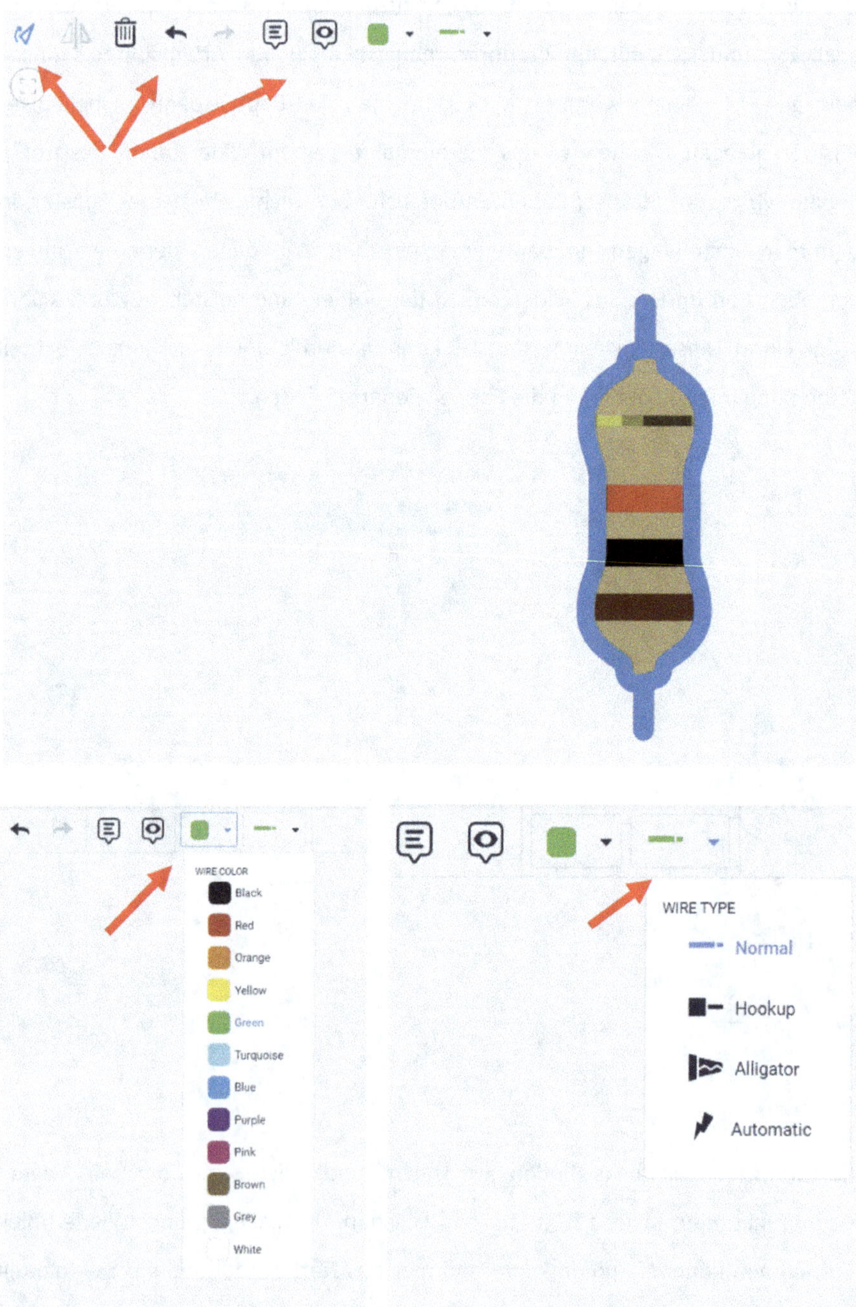

WIRE COLOR
Black
Red
Orange
Yellow
Green
Turquoise
Blue
Purple
Pink
Brown
Grey
White
WIRE TYPE
Normal
Hookup
Alligator
Automatic

Im Bereich oben rechts kann man sich, falls man ein programmierbares Bauteil, wie z.B. einen Arduino Mini-PC in seiner Schaltung hat, sich mit dem Button "Code" einen Programmcode erstellen bzw. anzeigen lassen. Wir werden uns diesen Bereich aber erst im nächsten Kapitel ausführlicher ansehen.

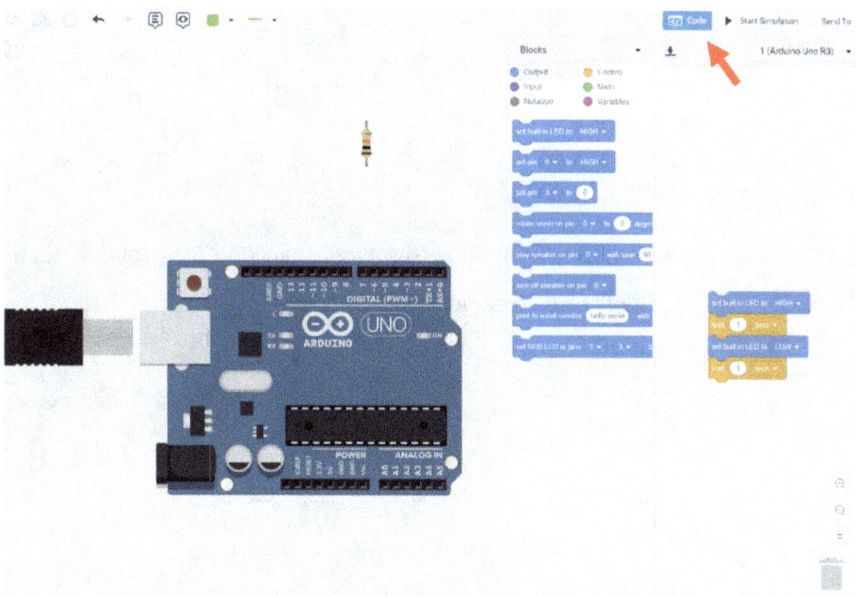

Mit dem Button "Start Simulation" lässt sich der erstellte Schaltkreis sogar simulieren, man kann hier also in einer sicheren virtuellen Umgebung testen, ob die Funktionsweise des Schaltkreises wie gewünscht abläuft.

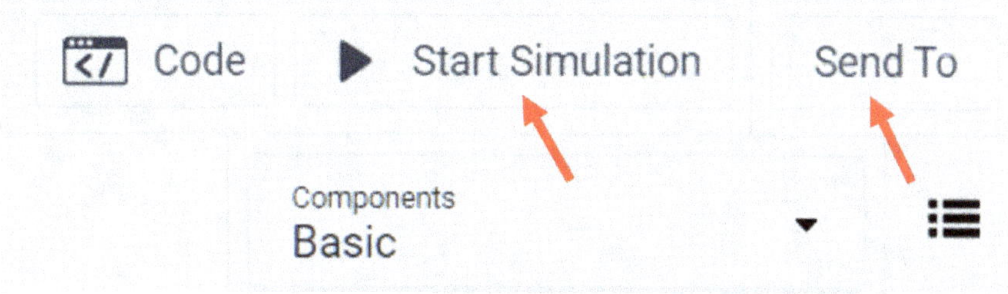

Mit "Send To" kann man seine Schaltung, ähnlich zur Arbeitsumgebung "3D Design", versenden oder mit Fusion 360 weiter bearbeiten oder als ".brd" Dateiformat downloaden.

Im Bereich ganz oben rechts gibt es noch zwei sehr nützliche Funktionen. Zum einen kann man sich hier, mit einem Klick in die Umgebung "Schematic View", den bildlichen Schaltplan in einen echten schematischen Schaltplan umwandeln und zum anderen mit einem Klick auf "Component List" eine Stückliste erzeugen lassen.

Das ist wirklich sehr hilfreich! Oben rechts kann man den Schaltplan bzw. die Stückliste dann als ".pdf" bzw. ".csv" abspeichern.

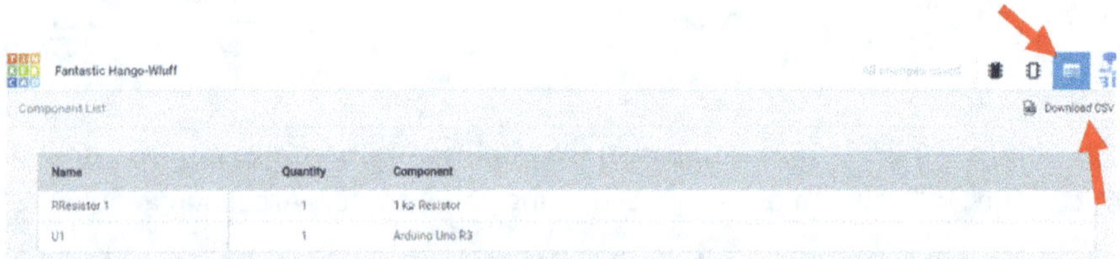

Super! Jetzt kennen wir uns in der Arbeitsumgebung aus und können mit dem ersten Schaltplan starten. Wir holen uns dafür zuerst ein sogenanntes "Breadboard" bzw. eine Steckplatine in unsere Arbeitsumgebung. Das finden wir in der Kategorie "Basic", wenn wir etwas hinunterscrollen. Einfach anklicken und dann in die Arbeitsumgebung klicken, um es zu platzieren.

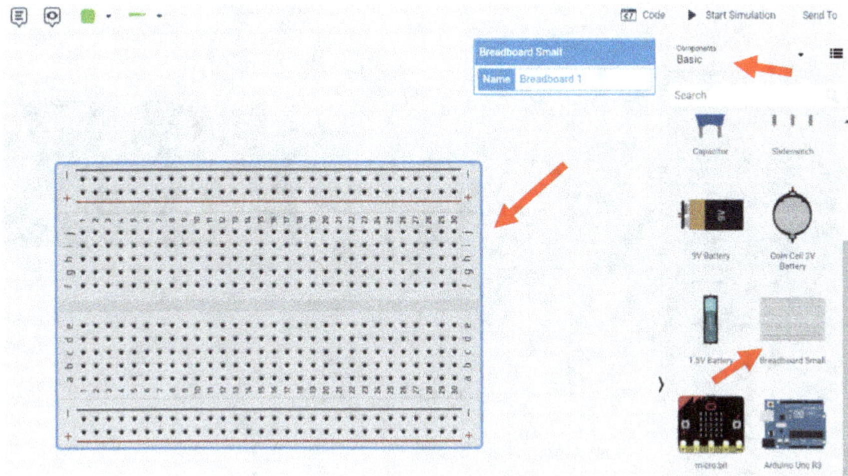

Mit einer Steckplatine, auch Breadboard genannt, kann man eine Schaltung am besten aufbauen, sobald diese etwas komplexer wird oder mehrere Teile beinhaltet. Bei einem Breadboard gibt es einen Bereich für die Stromversorgung des Breadboards ("+" und "-" Aufdruck) sowie Bereiche mit Buchstaben und Zahlen. Die Pins, die sich in einer Reihe befinden (Buchstaben: a-e und f-j) sind miteinander leitend verbunden. Das heißt z. B. h1 und i1 oder h5 und i5 und j5 sind leitend verbunden. Die Bauteile und Kabel werden in die jeweiligen Pins gesteckt und dadurch miteinander verbunden.

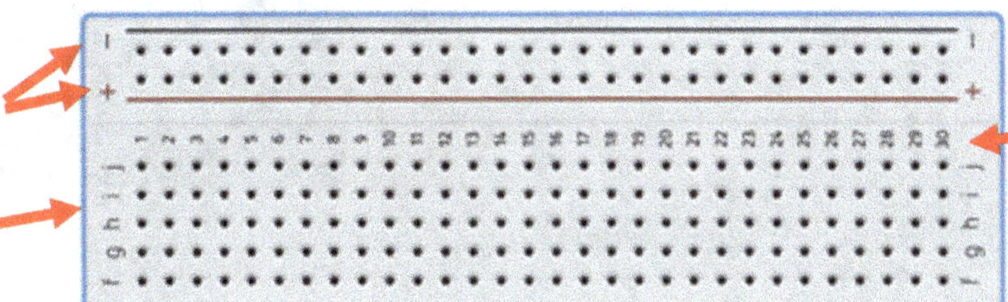

Für unsere erste Schaltung werden wir eine LED zum Leuchten bringen. Dazu benötigen wir noch eine LED, einen Widerstand (1 kOhm) und eine 9V Batterie. Wir holen uns diese Komponenten in unsere Arbeitsumgebung.

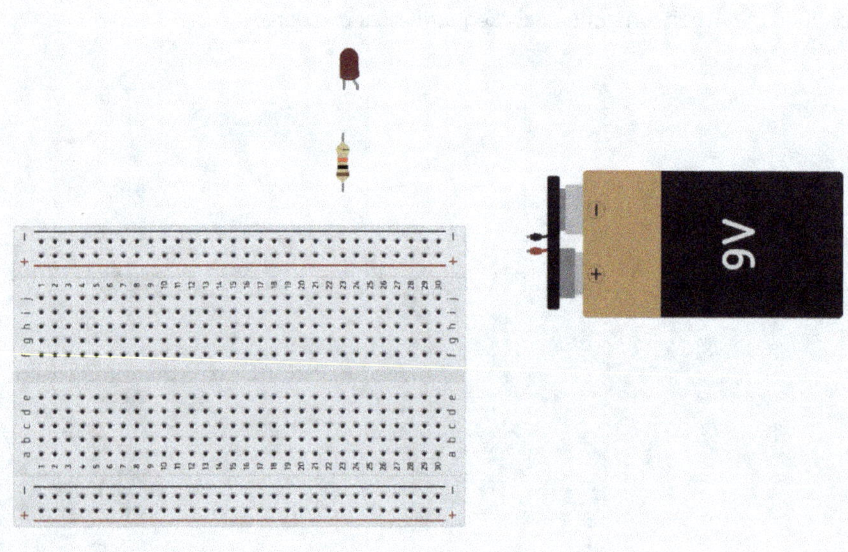

Anschließend müssen wir die Komponenten mit Leitungen miteinander verbinden. Wir werden aber keine Leitung oder Draht im Auswahlbereich auf der rechten Seite finden. Um eine Leitung zu erstellen, klicken wir einfach mit unserer Maus an einen Pol, z.B. an den "+"-Pol der Batterie. Dadurch können wir eine Linie zeichnen, die unseren Draht darstellt.

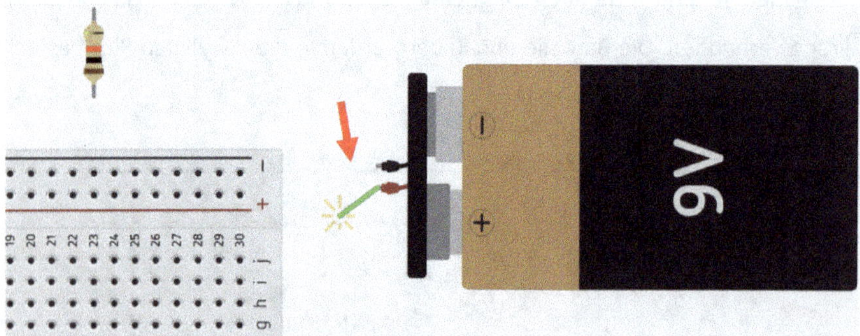

Als zweiten Verbindungspunkt für diese Linie wählen wir einen Steckplatz der "+"-Reihe des Breadboards aus ("+" zu "+").

Zudem können wir der Verbindungsleitung auch gleich eine andere Farbe, z.B. rot (für "+") geben. Das Gleiche machen wir mit dem Minuspol der Batterie. Diesen verbinden wir mit dem Minuspol des Breadboards und wir wählen die Farbe Schwarz für diese "-" Leitung aus. Nun hat unser Breadboard Strom.

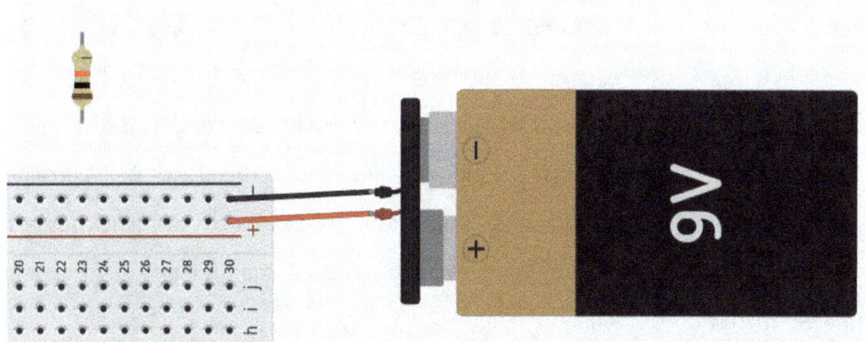

Wenn wir die LED anklicken, können wir im nächsten Schritt die Farbe der LED bestimmen. Wir möchten z.B. keine rote LED, sondern eine grüne, in unserer Schaltung haben.

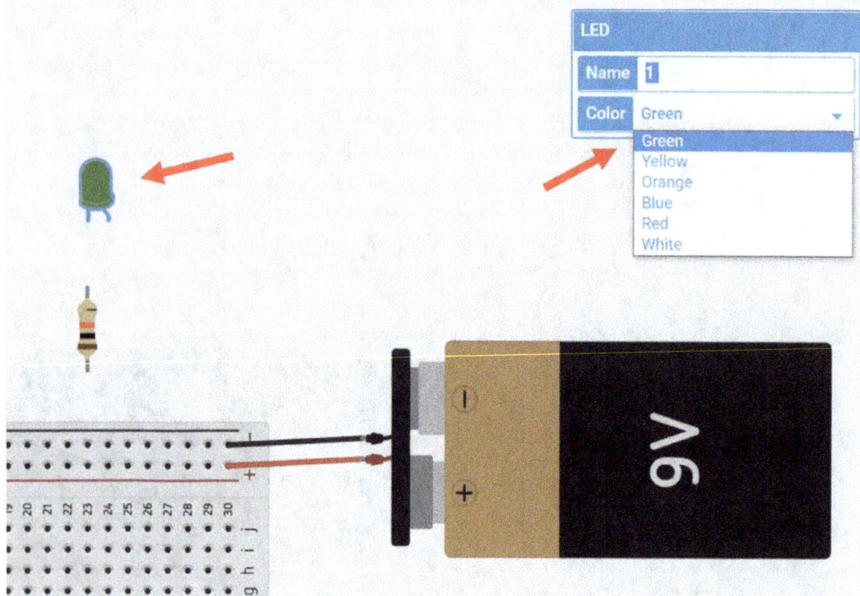

Jetzt können wir den Widerstand und die LED anschließen. Das gerade Beinchen der LED (hier links) stellt die Kathode, also den Minuspol der LED, dar. Diesen schließen wir an eine Seite des Widerstands – welche Seite des Widerstands ist egal – an. Vom Widerstand legen wir dann noch eine Leitung zur Zeile mit dem Minuspol des Breadboards – welcher Steckplatz ist wiederum egal. Vom Pluspol der LED, der sogenannten Anode, legen wir dann noch eine Verbindung zur Zeile mit dem Pluspol des Breadboards – welcher Steckplatz ist auch hier egal. Falls wir die beiden Pole vertauschen, wird die LED später nicht leuchten, da die LED eine Diode ist, welche den Strom nur in eine Richtung durchlässt. Der korrekte Anschluss ist hier also essentiell. Wähle am besten auch für eine bessere Verständlichkeit der Schaltung immer die korrekten Farben für die "-" (schwarz) und "+" (rot) Leitungen aus.

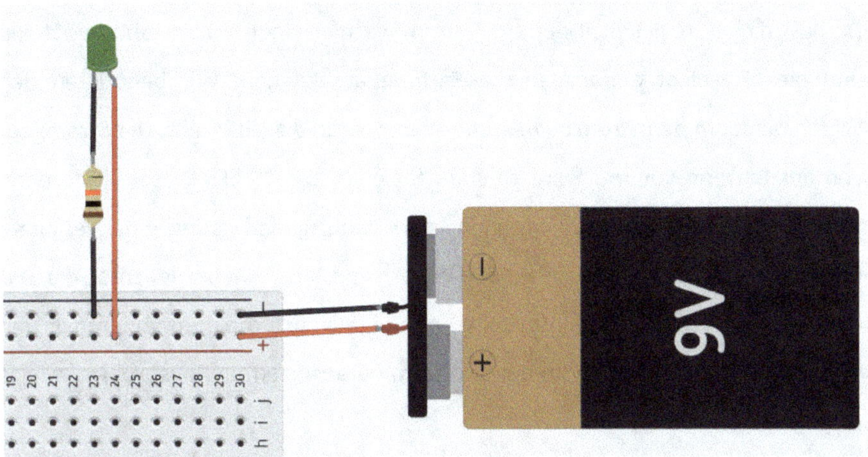

Jetzt haben wir die LED angeschlossen. In der Realität würde diese nun sofort leuchten. In Tinkercad müssen wir dazu auf "Start Simulation" klicken. Wenn wir alles richtig angeschlossen haben, leuchtet die LED. Fantastisch! Die erste elektronische Schaltung funktioniert. Mit "Stop Simulation" können wir die Simulation der Schaltung dann wieder beenden.

An dieser Stelle kannst du in Tinkercad die Pole auch gerne einmal vertauschen und überprüfen, ob die LED noch leuchtet, wenn du die Simulation startest.

Du hast dich nun vielleicht gefragt, warum wir hier einen Widerstand benötigen und die LED nicht einfach an die Batterie anschließen. Wir benötigten den Widerstand, um den Strom zu begrenzen, der durch die LED fließt. Der Strom, der von der Batterie kommt, wäre zu stark für eine solche LED. Diese würde ohne Widerstand entweder durchbrennen, also kaputtgehen, oder eine verkürzte Lebensdauer haben. Je niedriger der Widerstand, desto heller leuchtet die LED übrigens. Das können wir in Tinkercad nun einmal ausprobieren, indem wir den Widerstandswert von 1 kOhm auf 100 Ohm herabsetzen und ausprobieren, was passiert.

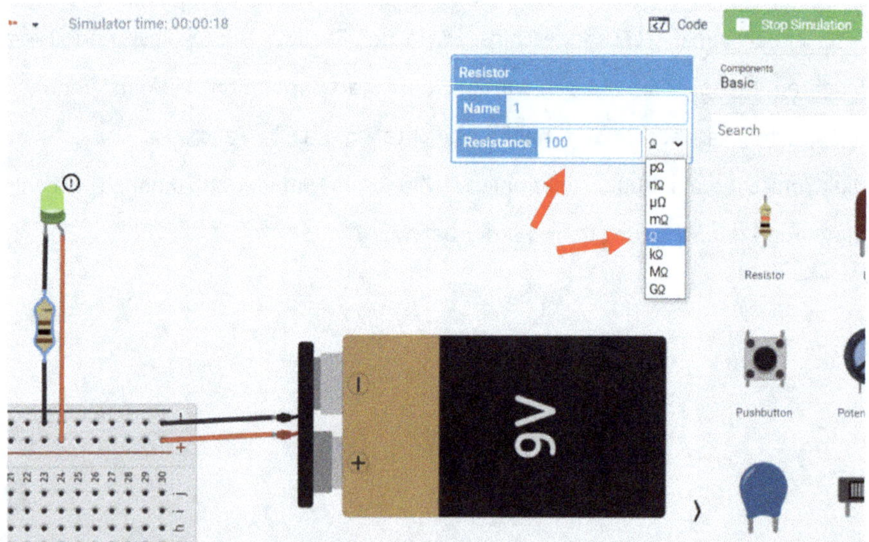

Wenn die Simulation noch läuft, ändert sich die Helligkeit der LED und uns wird ein kleines Ausrufezeichen angezeigt. Wenn wir uns mit der Maus darüber bewegen, wird uns auch ein Hinweistext dazu angezeigt.

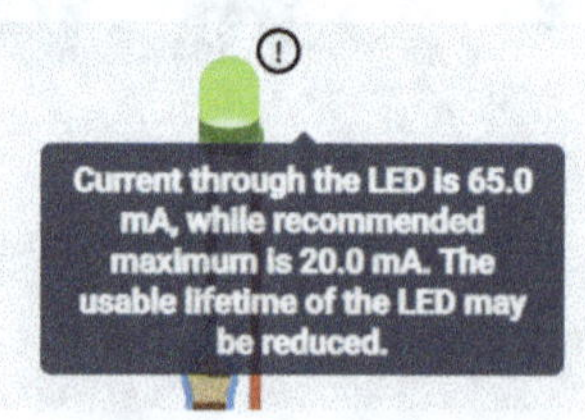

Dieser besagt, dass der Strom mit 65 mA durch die LED fließt und dies die Lebenszeit der LED wahrscheinlich verringert. Empfohlen ist ein maximaler Strom von 20 mA.

4.4 "Circuit"-Projekt 1: Fotowiderstand steuert Motordrehzahl

In diesem ersten Projekt zu elektrotechnischen Schaltungen werden wir einen Motor durch einen Fotowiderstand steuern. Ein Fotowiderstand hat die Funktion eines normalen Widerstands, begrenzt also den Stromfluss. Die Besonderheit bei einem Fotowiderstand ist, dass diese Begrenzung abhängig vom auf den Sensor einfallenden Licht ist. Das heißt, je mehr Licht auf den Sensor fällt (z.B., weil es morgens hell wird), desto geringer wird der Widerstand des Fotowiderstands und desto mehr Strom kann deshalb hindurchfließen. Wir möchten in unserer Schaltung außerdem noch einen manuellen Schalter einbauen, eine LED zur Überwachung der Aktivität und einen Motor. Die LED und der Motor sollen durch den Fotowiderstand vom Licht abhängig sein. Je heller das einfallende Licht, desto heller wird auch die LED leuchten und desto schneller wird sich der Motor drehen.

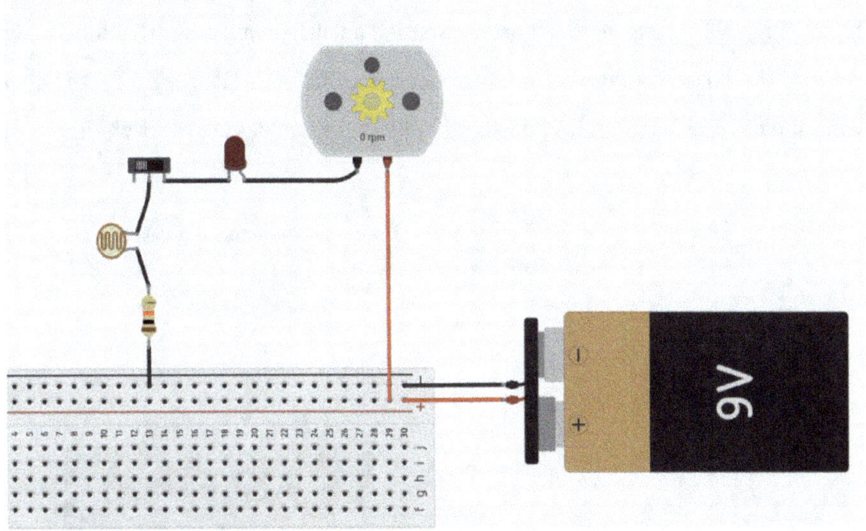

Wir schließen dazu alle Komponenten wie dargestellt an (Widerstand: 1kOhm).

Wenn wir nun den Schalter durch einen Klick darauf einschalten, wird die LED abgedunkelt leuchten und sich der Motor nur sehr langsam drehen (dazu müssen wir natürlich auch wieder die Simulation starten).

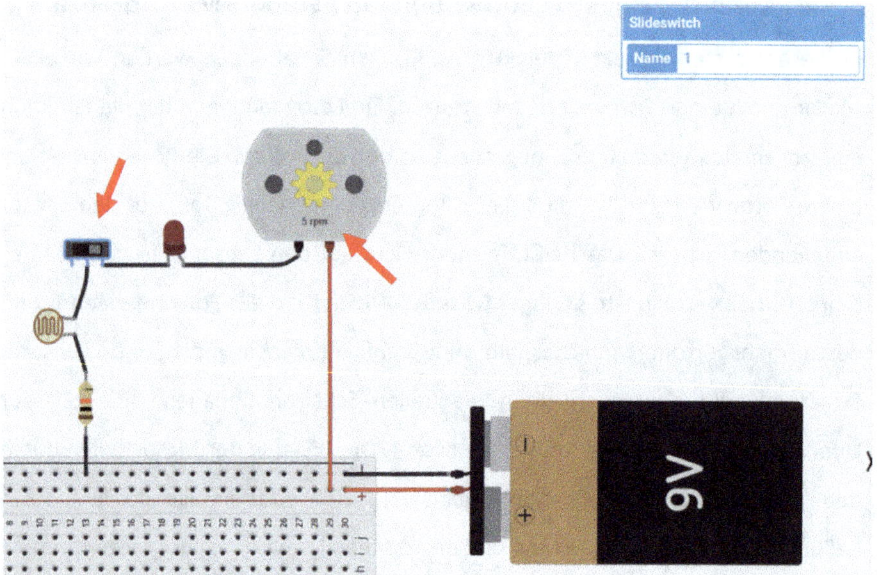

Jetzt können wir, wenn wir den Fotowiderstand anklicken, mit einem Schieberegler das einfallende Licht kontrollieren. Je höher das einfallende Licht wird, desto heller wird nun die LED leuchten und desto schneller wird sich der Motor drehen.

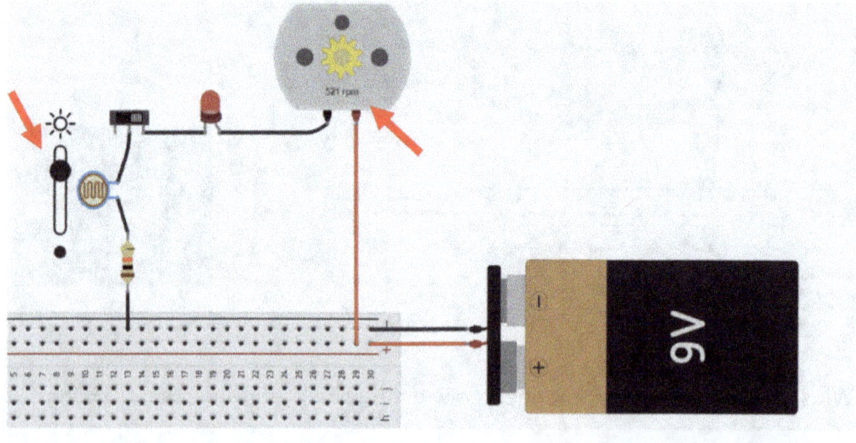

4.5 "Circuit"-Projekt 2: RGB-LED mit einem Arduino steuern

In diesem Projekt werden wir eine RGB-LED mit einem Arduino Mini-PC steuern, und zwar abhängig von der Umgebungstemperatur. Was ist ein Arduino? Ein Arduino ist einfach ausgedrückt nichts anderes als ein kleiner und sehr einfacher PC oder Mikrocontroller, der in der Lage ist, Eingangssignale aufzunehmen, diese intern zu verarbeiten und dann in entsprechende Ausgangssignale umzuwandeln. Ein Eingangssignal könnte dabei z. B. die von einem Sensor gemessene Temperatur sein. Das entsprechende Ausgangssignal dazu könnte z. B. eine LED steuern. Einen Arduino kann man in der einfachen Erscheinungsform einer Platine, bestückt mit elektronischen Bauteilen, einzeln oder im Set kaufen. Für Anfänger ist vor allem der Arduino Uno zu empfehlen. Diesen findet man virtuell auch in Tinkercad.

Wenn die Temperatur hoch ist (z.B. höher als 25 °C), soll in unserem Projekt die LED rot leuchten. Wenn die Temperatur hingegen niedrig ist (z.B. niedriger als

15 °C), soll die LED blau leuchten. Wenn die Temperatur optimal ist (z.B. zwischen 15 °C und 25 °C), soll die LED grün leuchten.

Aber wie soll das mit nur einer LED funktionieren? Wir benötigen dafür eine besondere LED, und zwar eine RGB-LED. Eine RGB-LED kann in drei Farben, nämlich rot (r), grün (g) und blau (b) leuchten. Die LED hat zwei Anschlüsse mehr als eine normale LED und die Farbe des Lichts ist abhängig davon, welchem Anschluss man Strom zuführt. Um die RGB-LED anzusteuern, verbindet man diese z.B. mit den PINs 3, 5, 6 des Arduino.

Um die Steuerung abhängig von der Temperatur zu machen, benötigen wir auch noch einen Temperatursensor, z.B. den TMP36 Sensor. Der TMP36 liefert eine analoge Ausgangsspannung, die abhängig von der Temperatur in Grad Celsius ist. Der Temperaturbereich reicht von -40 °C bis +125 °C.

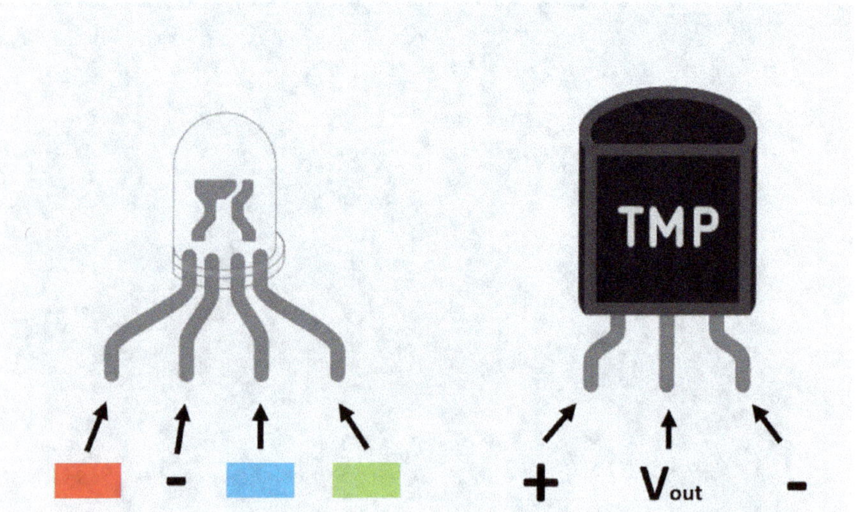

Wir platzieren zuerst die RGB-LED auf dem Breadboard und schließen die Anschlüsse für die LED-Farben an die Pins 3, 5, 6 des Arduino an und die Kathode ("-") mit einem 200 Ohm Widerstand wie nachfolgend dargestellt an. Dann bestücken wir das Breadboard auch noch mit dem Temperatursensor und schließen auch diesen wir dargestellt an. Der mittlere Pin soll dabei mit dem Arduino A0 Eingang verbunden werden. Zuletzt legen wir noch je eine Verbindung vom 5V-Pin ("+") und vom GND-Pin ("-") des Arduino zum Breadboard, um die Stromversorgung zu gewährleisten.

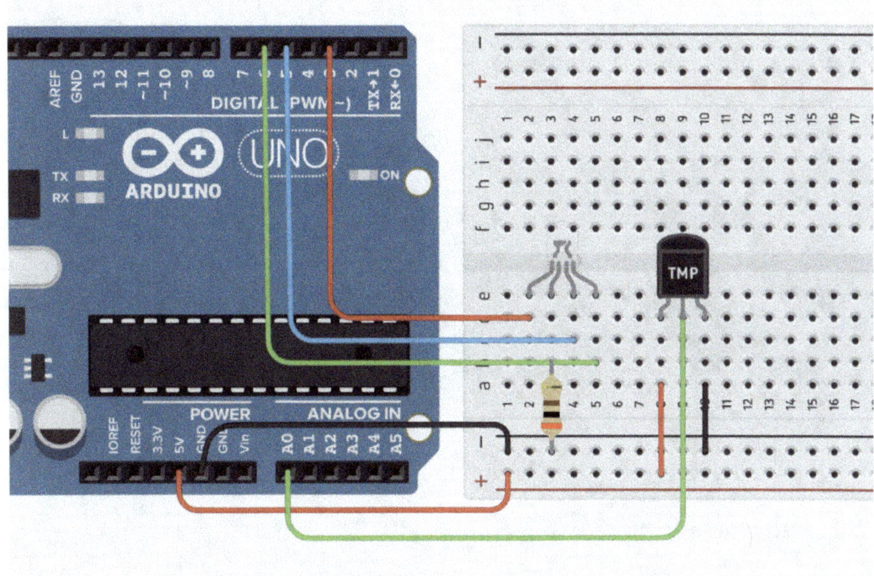

Damit unsere Schaltung nun funktioniert, müssen wir dem Arduino noch Anweisungen mithilfe eines Programmcodes erteilen, welche Signale der Arduino bei welcher Temperatur an die LED weitergeben soll. Dazu müssen wir einen Code in Programmiersprache schreiben. Die Vorgehensweise dazu werden wir uns im nächsten Kapitel mit einer unkomplizierten Methode in Tinkercad im Detail ansehen. Zur Vollständigkeit dieses Kapitels ist der Programmcode nachfolgend aufgeführt. Du kannst diesen einfach abschreiben bzw. hineinkopieren. Wo dieser Code hin muss, zeige ich dir vorher noch. Klicke dazu oben rechts in der Funktionsleiste in Tinkercad auf den Button "Code" und wähle dann im Dropdown-Menü eine Zeile darunter, die Option "Text" aus. Kopiere den Code dann in das Textfeld oder schreibe diesen dort hinein. Achte darauf, dass du den Text genau übernimmst, also Zeichen für Zeichen. Falls ein Zeichen fehlt, kann es zu einem Fehler kommen. Wenn dir das zu viel Arbeit ist, dann schaue gleich ins nächste Kapitel, in diesem werden wir den Programmcode auf eine leichte Weise erstellen.

```
// C++ code
//
int t = 0;

void setup()
{
  pinMode(A0, INPUT);
  Serial.begin(9600);

  pinMode(5, OUTPUT);
  pinMode(3, OUTPUT);
  pinMode(6, OUTPUT);
}

void loop()
{
  t = analogRead(A0);
  Serial.println(t);
  if (t <= 135) {
    digitalWrite(5, HIGH);
    digitalWrite(3, LOW);
    digitalWrite(6, LOW);
  } else {
    if (t > 135 && t <= 155) {
      digitalWrite(5, LOW);
      digitalWrite(3, LOW);
      digitalWrite(6, HIGH);
    } else {
      if (t > 155) {
        digitalWrite(5, LOW);
        digitalWrite(3, HIGH);
        digitalWrite(6, LOW);
      }
    }
  }
  delay(10); // Delay a little bit to improve simulation performance
}
```

Hier der Programmcode zum Abschreiben oder Kopieren:

```
// C++ code
//
int t = 0;


void setup()
{
 pinMode(A0, INPUT);
 Serial.begin(9600);
```

```cpp
  pinMode(5, OUTPUT);

  pinMode(3, OUTPUT);

  pinMode(6, OUTPUT);

}


void loop()

{

 t = analogRead(A0);

 Serial.println(t);

 if (t <= 135) {

   digitalWrite(5, HIGH);

   digitalWrite(3, LOW);

   digitalWrite(6, LOW);

 } else {

   if (t > 135 && t <= 155) {

    digitalWrite(5, LOW);

    digitalWrite(3, LOW);

    digitalWrite(6, HIGH);

   } else {

    if (t > 155) {

     digitalWrite(5, LOW);

     digitalWrite(3, HIGH);

     digitalWrite(6, LOW);

    }

   }

  }

  delay(10); // Delay a little bit to improve simulation performance

 }
```

Sobald wir den Programmcode eingegeben haben, können wir die Simulation unserer Schaltung mit einem Klick auf "Start Simulation" wie gewohnt starten. Mit einem Klick auf den Temperatursensor können wir die Umgebungstemperatur einstellen. Wie wir sehen, sind momentan 25 °C eingestellt, deshalb leuchtet die RGB-LED auch wie gewünscht in Grün.

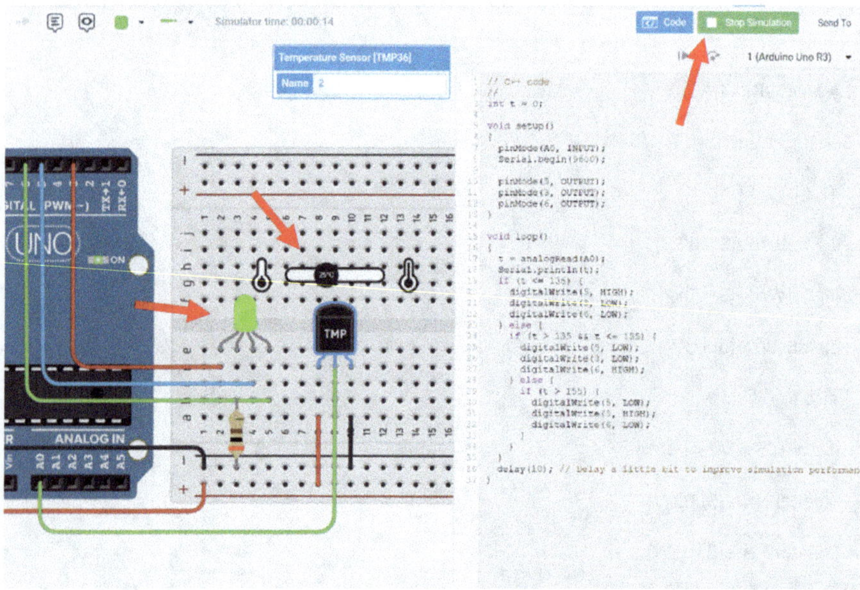

Wenn wir den Schieberegler des Temperatursensors nun unter 15 °C einstellen, dann werden wir sehen, dass die RGB-LED zu einer blauen Farbe wechselt.

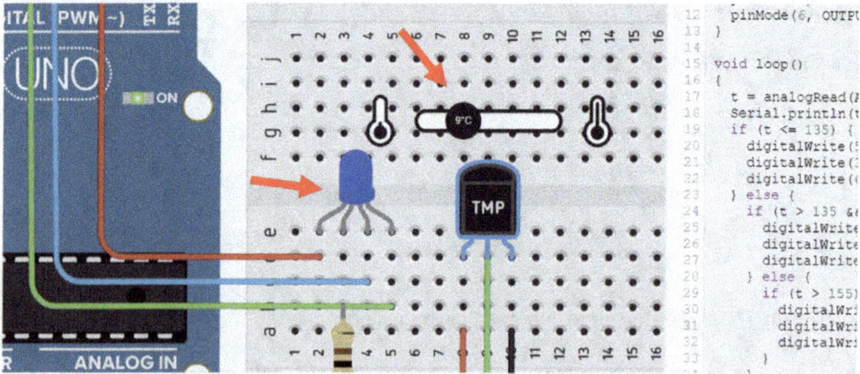

Und wenn wir eine Temperatur über 25 °C einstellen, sollte die RGB-LED rot leuchten. Auch das funktioniert einwandfrei! Super!

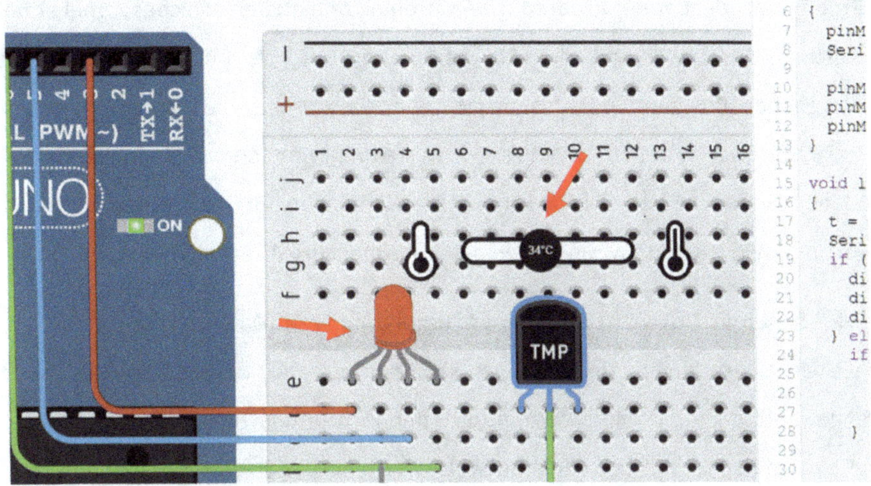

Jetzt haben wir auch dieses Projekt erfolgreich geschafft. Im nächsten Kapitel beschäftigen wir uns auch noch mit dem Programmieren in Tinkercad. In diesem Kapitel hatte ich den Programmcode bereits vorgegeben, im nächsten Kapitel möchten wir uns ansehen, wie wir diesen in Tinkercad auf eine einfache Weise selbst erstellen können. Los geht's, bald haben wir alle Funktionen von Tinkercad erlernt. Du kannst Stolz auf dich sein, wenn du es schon bis zu diesem Punkt geschafft hast und dabeigeblieben bist. Glückwunsch!

Wenn du jetzt auch zurecht neugierig auf den Mini-PC Arduino geworden bist und noch detaillierte Informationen und weitere Projekte dazu haben möchtest, empfehle ich dir meinen Kurs "Arduino | Schritt für Schritt". Weitere Informationen dazu findest du auf den letzten Seiten dieses Buches.

5 Programmieren mit Tinkercad

Für das vorherige Elektronik-Projekt mit dem Arduino, habe ich dir den Programmcode, der nötig war, um dem Arduino mitzuteilen, welches Signal er bei welchem Sensorwert an die LED weiterleiten soll, als bereits fertigen Text vorgegeben. Bestimmt möchtest du jetzt aber auch lernen, wie man einen solchen Programmcode erstellen kann. Wenn man die Programmiersprache, in diesem Fall ist es "C++" nicht beherrscht, kann das als Anfänger durchaus etwas schwierig werden. Wie gut, dass wir in Tinkercad eine einfachere Alternative dazu haben.

Wir können in Tinkercad blockbasiert programmieren. Das funktioniert ähnlich, wie wir es bereits in einem vorherigen Kapitel bei der CAD-Konstruktion des Stuhls angewandt haben. Es gibt aber natürlich dennoch Unterschiede. Wir werden uns in diesem Kapitel mit der Funktionsweise der blockbasierten Programmierung in Tinkercad beschäftigen und den Programmcode für das vorherige Arduino-Projekt mit dem Temperatursensor und der RGB-LED erstellen. Das wird ziemlich cool!

Um mit der Programmierung starten zu können, wählen wir einfach den Button "Code" in der oberen Funktionsleiste im Arduino-Projekt aus. Es öffnet sich dann rechts ein Arbeitsbereich, hier werden wir die Programmierung durchführen.

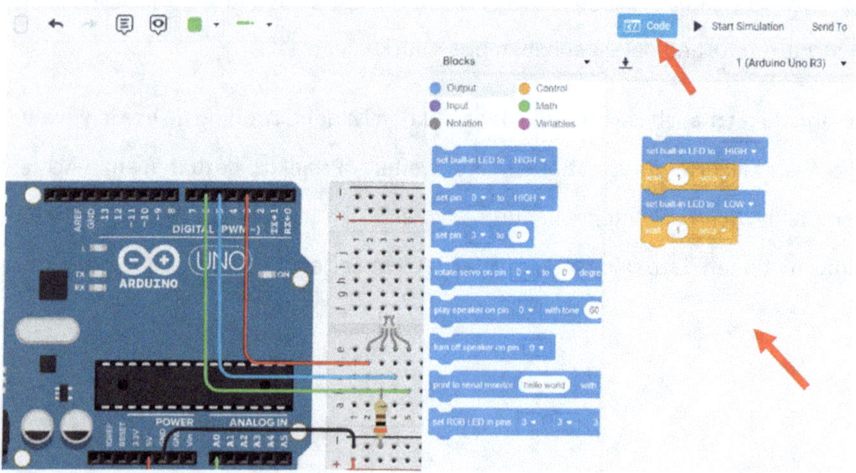

Wie wir sehen können, sind im linken, oberen Bereich verschiedene Kategorien mit verschiedenen Farben, durch welche du dich gerne einmal durchklicken kannst. Im linken unteren Bereich findest du dann jeweils die vorgegebenen Blöcke der einzelnen Kategorien. Rechts ist unser Arbeitsbereich, in dem bereits zwei blaue und zwei orange Beispielblöcke vorhanden sind.

Im oberen Bereich befindet sich auf der linken Seite noch ein Auswahlmenü, welches äußerst genial ist, da wir hiermit zwischen Text und Block umschalten können. Wir können uns mit der Option "Blocks + Text" nämlich den Programmcode auch als Text rechts neben den Blöcken anzeigen lassen. Das heißt, wir müssen keinen Programmcode schreiben, sondern erhalten diesen aus unserer blockbasierten Programmierung automatisch vom Programm generiert. Das ist extrem hilfreich für Anfänger der Programmierung. Tolle Funktion!

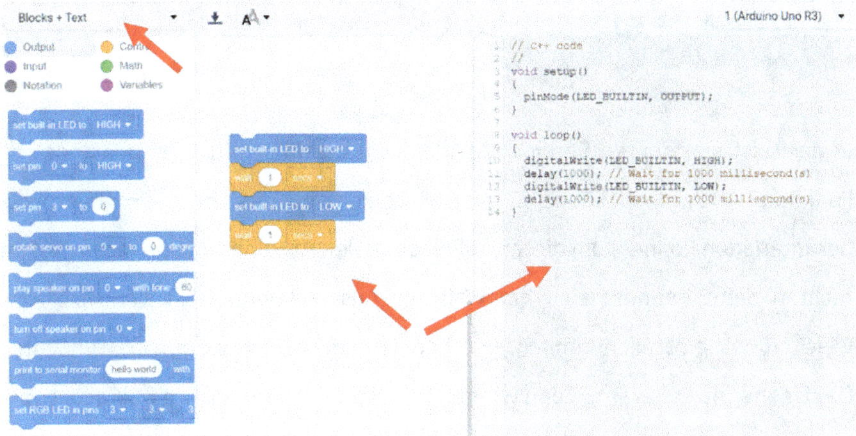

Wenn du magst, kannst du diese Ansicht aktivieren und Zeile für Zeile vergleichen, wie die jeweilige Anweisung, die wir als Block erzeugen, in einen Programmcode umgewandelt wird. Ich werde für eine bessere Übersicht hier jedoch nur die Blöcke anzeigen lassen. Die bereits vorhandenen blauen und orangen Blöcke benötigen wir für unser Projekt nicht, wir können diese daher löschen. Das machen wir, indem wir diese entweder in den Papierkorb rechts unten hineinziehen oder aber mit der linken Maustaste anklicken und "Delete Block" auswählen.

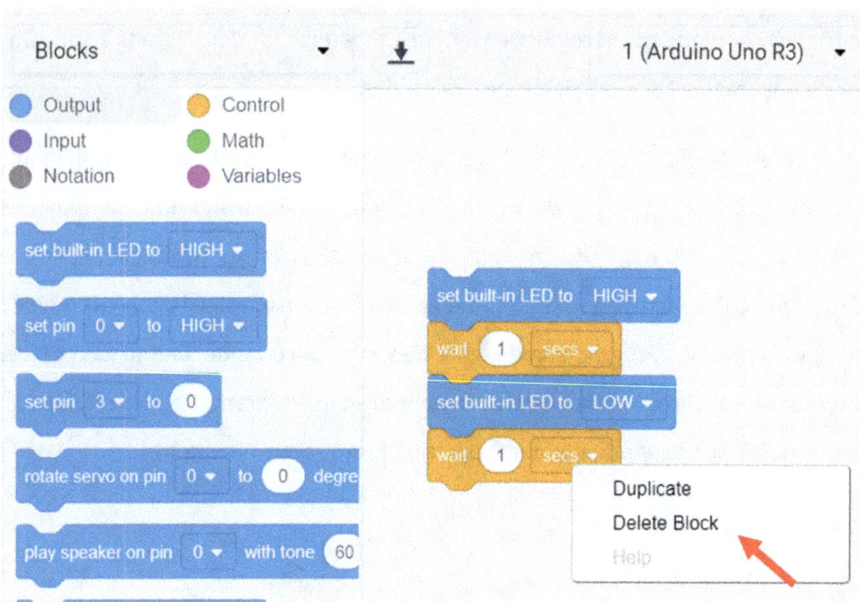

In der Leiste im oberen Bereich befindet sich ungefähr mittig übrigens noch die Funktion "Download Code", mit welcher wir uns den Programmcode herunterladen können, um diesen auf einen realen Arduino zu übertragen. Auf der rechten Seite befindet sich ein weiteres Auswahlmenü "Select Device", mit welchem wir einstellen können, welchen Arduino wir programmieren möchten. Das ist aber nur relevant, wenn wir mehrere Arduino oder andere Mikrocontroller in unserem Projekt erstellt haben.

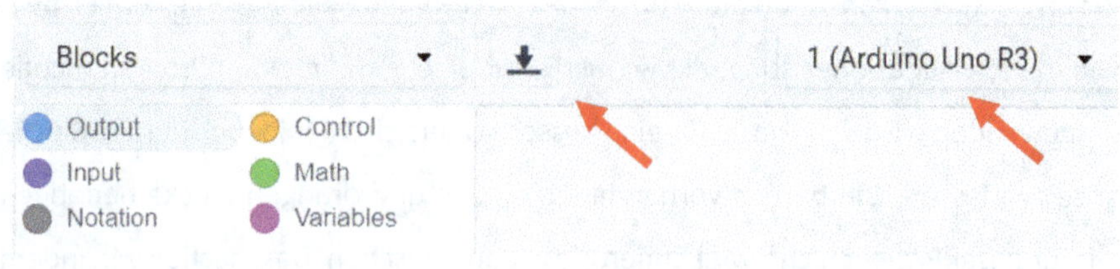

Jetzt legen wir mit der Programmierung los! Als ersten Schritt möchten wir, dass der Arduino den Wert des Temperatursensors ausliest. Der Temperatursensor sendet kontinuierlich ein Signal an den Eingang A0 des Arduino (falls dieser hier angeschlossen ist). Damit der Arduino diesen Wert liest, erstellen wir zuerst eine Variable mit dem Buchstaben "t" für Temperatur. Diese erstellen wir in der Kategorie "Variables" mit dem Button "Create variable...".

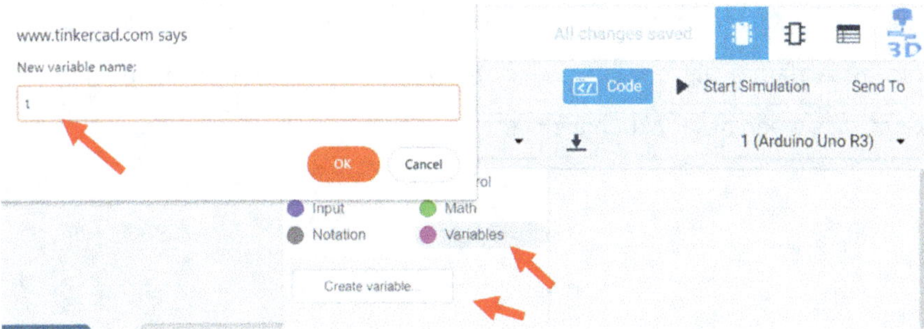

Eine Variable ist im Grunde einfach nur ein Platzhalter, in welchem wir einen variablen, also veränderbaren Wert, abspeichern können. Sobald wir die Variable erstellt haben, erscheint in der gleichen Kategorie der Block mit der Anweisung "set t to 0". Diesen Block benötigen wir als Erstes und ziehen ihn deshalb in unseren Arbeitsbereich auf der rechten Seite.

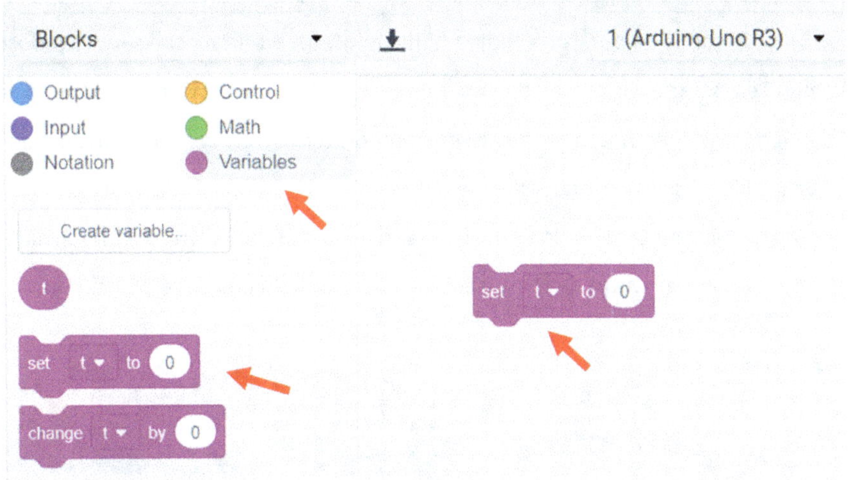

Wenn wir die Anweisung so lassen würden, dann würde das bedeuten, dass wir der Variable "t" den Wert "0" zuweisen. Das macht für uns aber keinen Sinn. Was möchten wir der Variable stattdessen zuweisen? Genau, die Temperatur, die der Sensor misst. Diese erhalten wir, indem wir dem Arduino den Befehl geben, dass er das Signal am Eingang A0 – hier kommt das Signal des Temperatursensors in unserem Beispiel an – ausliest. Das machen wir mit dem Befehl "read analog pin A0" aus der Kategorie "Input". Wir können diesen Befehlsblock nun gleich anstelle der 0 platzieren. Mit etwas Geschick hineinschieben, es macht dann ein Plopp-Geräusch, wenn das funktioniert hat.

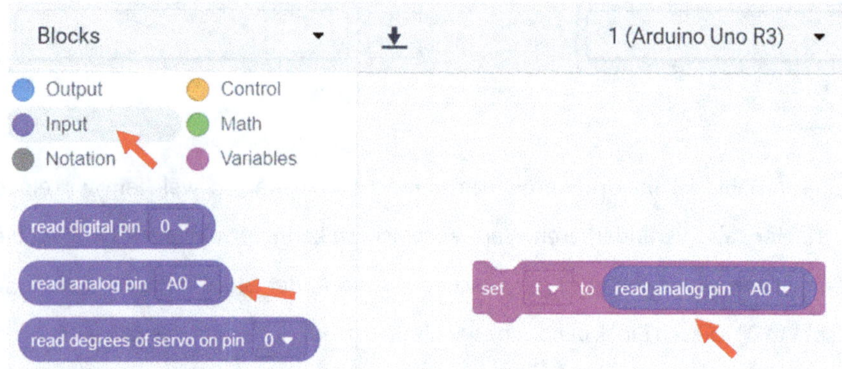

Jetzt würde der Arduino also der Variable "t" den Wert zuweisen, den der Arduino am Pin A0 vom Temperatursensor erhält. Der Temperatursensor sendet jedoch keinen Temperaturwert im eigentlichen Sinne, sondern der Sensor sendet nur eine Spannung, die man mit einer gewissen Temperatur in Verbindung bringen kann. Welches Signal der Sensor sendet, sehen wir uns im "seriellen Monitor" an. Dazu benötigen wir den Befehlsblock "print to serial monitor hello world with newline" aus der Kategorie "Output". Diesen setzen wir unterhalb des ersten Blocks an.

Statt "hello world" möchten wir aber unseren Sensorwert erhalten, deshalb schieben wir an diese Stelle einen neuen Block mit der Variable "t" aus der Kategorie "Variables" hinein und überschreiben somit "hello world".

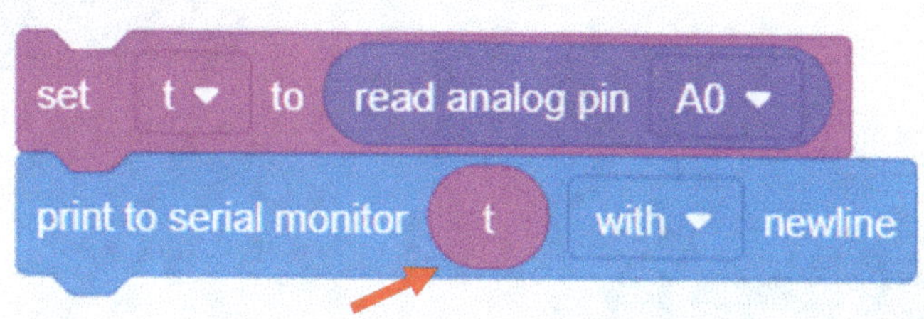

Jetzt können wir im unteren Bereich den seriellen Monitor mit einem Klick auf den entsprechenden Button "Serial Monitor" öffnen und erhalten, sobald wir die Simulation in der oberen Funktionsleiste starten, die jeweiligen Spannungen, die der Temperatursensor - je nach Temperatur - ausgibt.

Wenn wir nun, während die Simulation läuft, auf den Temperatursensor klicken und dessen Schieberegler verändern, also die Temperatur verändern, sehen wir im seriellen Monitor, wie sich die Werte, die der Temperatursensor an den Arduino sendet, verändern.

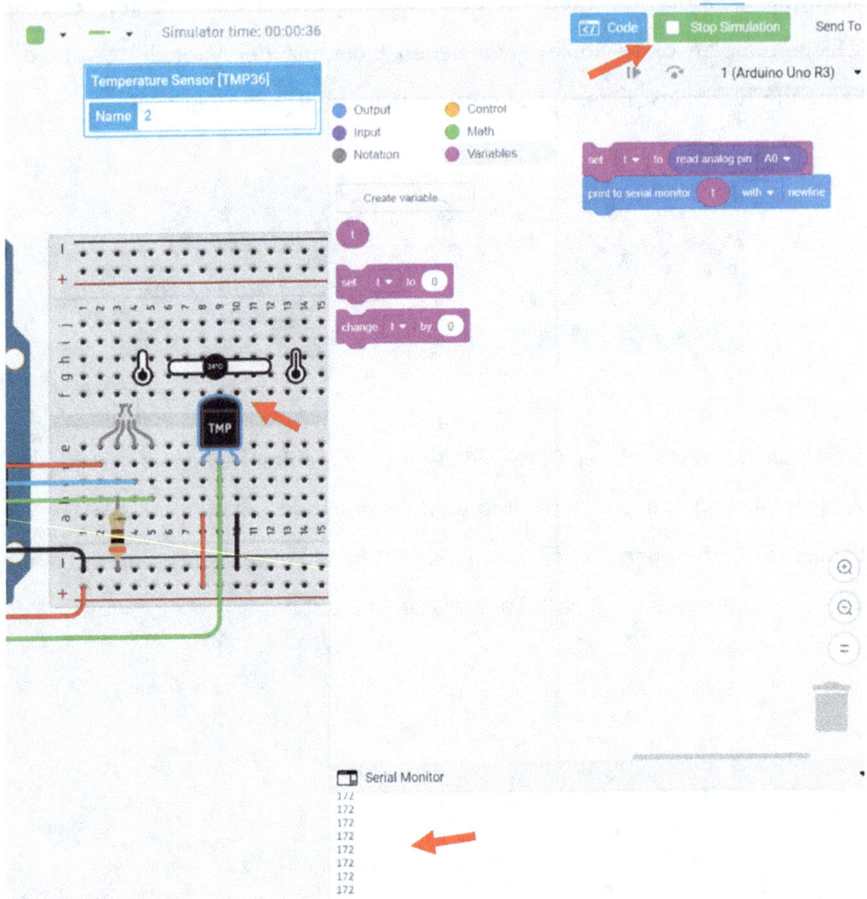

Damit wir später auch wissen, welche Werte wir für welche Temperatur benötigen, stellen wir nun die Temperaturen 15 °C und 25 °C nacheinander ein und lesen jeweils den Wert, der im seriellen Monitor angezeigt wird, ab. Wir erhalten 135 für 15 °C und 155 für 25 °C.

Jetzt können wir die Simulation wieder beenden und mit der Programmierung weiter machen. Im nächsten Schritt möchten wir bestimmen, dass die blaue LED leuchtet, falls die Temperatur unterhalb von 15 °C ist, also der vom Sensor gemessene Wert unterhalb des Werts 135 liegt. Dazu benötigen wir eine in der Programmierung vielfach genutzte Anweisung. Die sogenannte "if...then"

Anweisung. Wir benötigen hier sogar die "if...then...else" Anweisung, da wir nach der ersten if-Anweisung noch andere Bedingungen für die anderen Farben der LED festlegen möchten. Diese Anweisung sagt eigentlich nichts anderes aus als: wenn ein bestimmtes Ereignis - dieses ist zu definieren – eintritt, dann soll ein zu bestimmender Befehl ausgeführt werden. Wenn die Bedingung nicht eintritt, soll im Falle von "else" noch etwas anderes folgen. Wir fügen dazu den Block "if...then...else" aus der Kategorie "Control" zu unserem Programmcode hinzu.

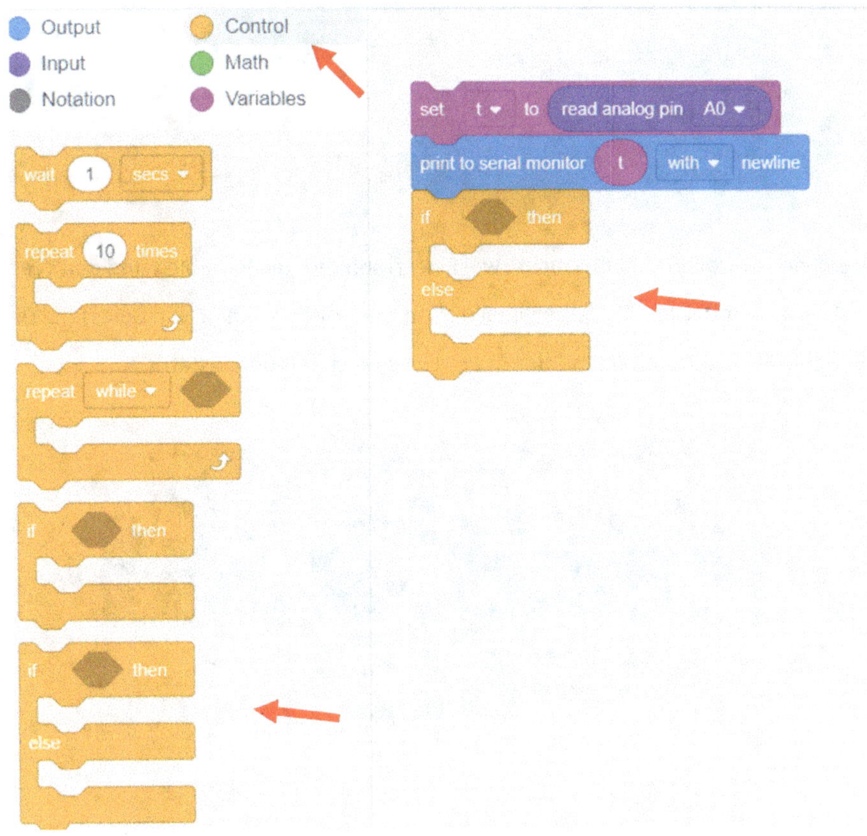

Jetzt müssen wir bestimmen, welche Bedingung geprüft werden soll und welcher Befehl dann ausgeführt werden soll, falls die Bedingung erfüllt ist oder falls die Bedingung nicht erfüllt ist. Als Bedingung möchten wir, dass geprüft wird, ob der Wert des Temperatursensors, den wir ja mit dem ersten Codeblock in unserer

Variable "t" speichern lassen, unterhalb von 135 liegt oder nicht. Das heißt, wir müssen uns einen mathematischen Vergleich zweier Werte aus der Kategorie "Math" holen:

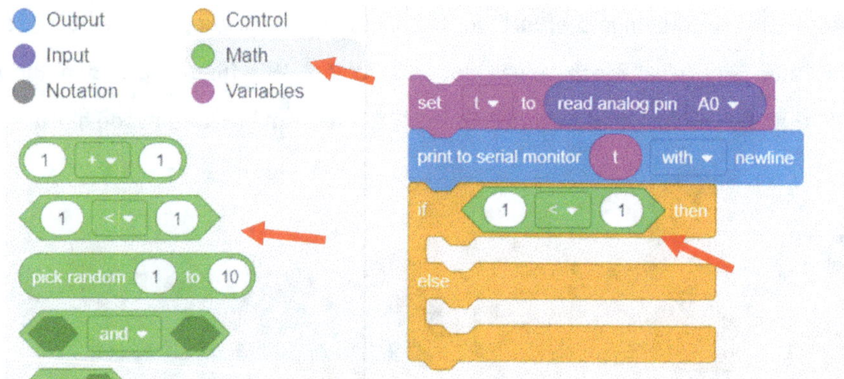

Vergleichen wollen wir aber nicht zwei Einser, sondern die Variable t und den Wert 135. Das Symbol für "…kleiner gleich…" in der Mitte können wir belassen. Die Variable "t" hineinziehen und den Wert 135 einfach mit der Tastatur eintragen.

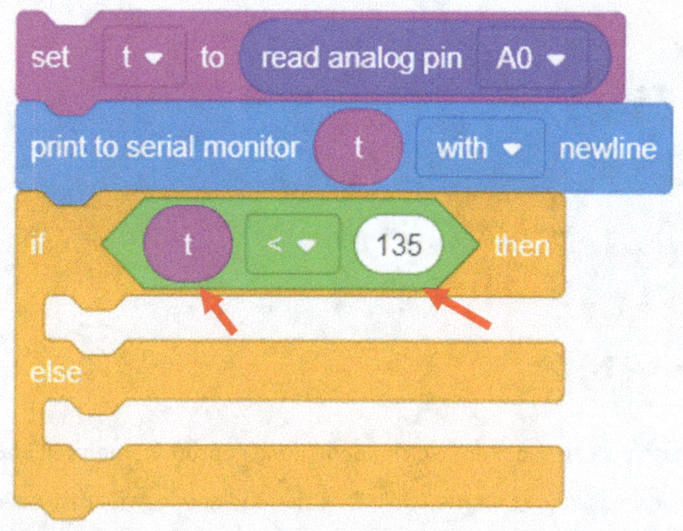

Was soll jetzt passieren, falls die Bedingung "t < 135" erfüllt ist? Genau, die RGB-LED soll blau leuchten. Wann leuchtet die RGB-LED in Blau? Dann, wenn das Beinchen mit der Bezeichnung "Blue" (das Zweite von rechts) vom Arduino Strom erhält. Dieses Beinchen ist am Arduino am Pin 5 angeschlossen. Das heißt wiederum, wir müssen dem Arduino im Programmcode mitteilen, dass er, wenn die Bedingung erfüllt ist, den Pin 5 mit Strom versorgen soll. Das machen wir mit dem Befehlsblock "set pin 0 to HIGH" aus der Kategorie "Output". Natürlich müssen wir die 0 noch in eine 5 umwandeln. Der Befehl "HIGH" passt hingegen. Man kann zwischen "HIGH" und "LOW" wählen. "HIGH" bedeutet, dass ein Pin Strom erhält, "LOW" bedeutet, dass ein Pin keinen Strom erhält.

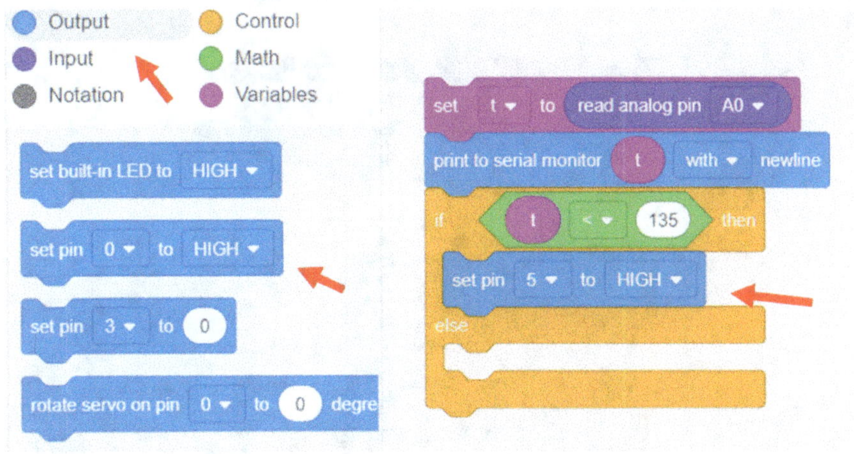

Zur Sicherheit fügen wir nun noch zwei dieser Befehlsblöcke hinzu und stellen ein, dass Pin 3 bzw. Pin 6 keinen Strom erhalten, also das Signal "LOW" erhalten.

Sehr gut! Jetzt haben wir die Funktion erstellt, dass die LED blau leuchtet, falls das Temperatursignal unter den Wert 135 fällt, also die Temperatur unter 15 °C ist.

Weiter geht es nun mit dem Temperaturbereich zwischen 15 °C und 25 °C, hier wollen wir, dass die LED grün leuchtet. Die Vorgehensweise ist nun relativ identisch. Wir müssen dazu eine weitere if-Bedingung erstellen, die wir in den Bereich "else" der ersten if-Bedingung einsetzten. Diese zweite if-Bedingung soll ja geprüft werden, falls die erste Bedingung nicht erfüllt ist. Man nennt dies übrigens eine verschachtelte if-Bedingung. Genauer gesagt erstellen wir hier nochmals eine "if...then...else"-Bedingung, da wir danach noch einen weiteren Fall betrachten müssen, falls diese Bedingung auch nicht erfüllt sein sollte.

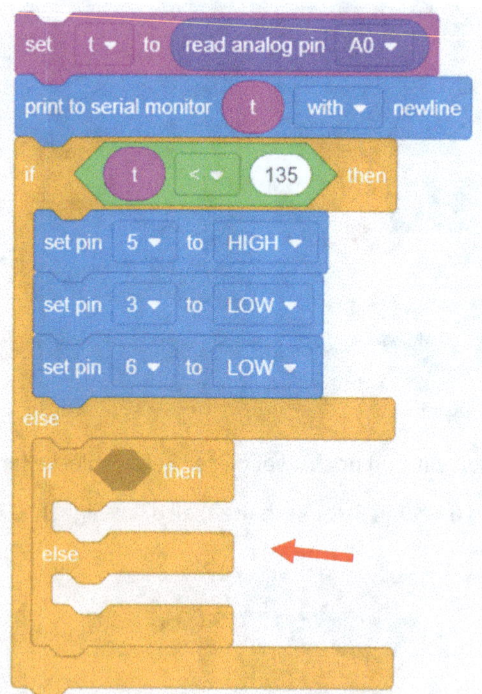

Du kannst nun gerne zuerst einmal eigenständig überlegen, was wir in diesen Block einfügen müssen, damit wir den Temperaturbereich zwischen 15 °C und 25 °C prüfen können. Die Lösung folgt sogleich.

Wir müssen hier zwei Fälle prüfen lassen, dazu benötigen wir zuerst eine mathematischen "and"-Block.

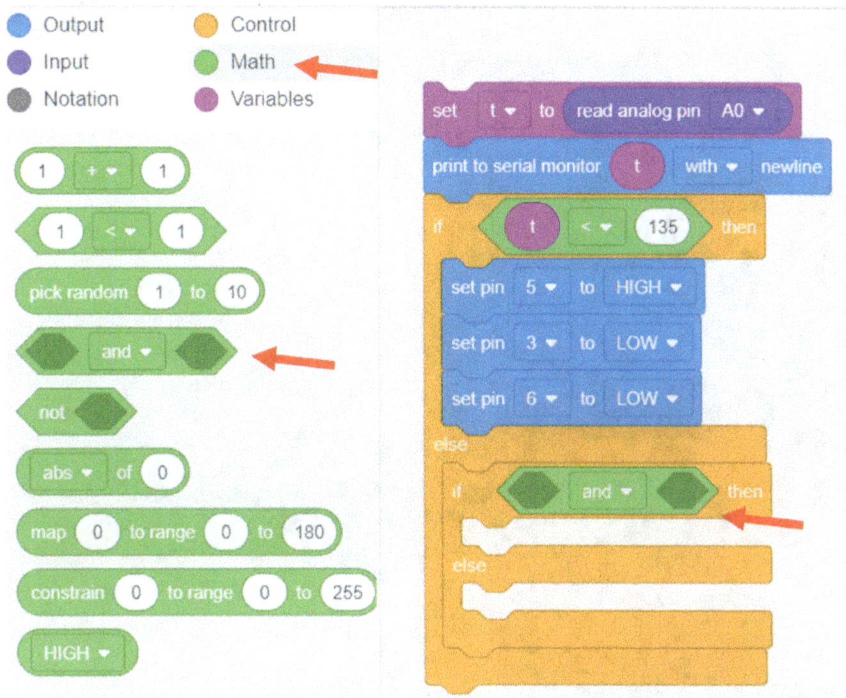

In diesen setzen wir links die Prüfung des Falls "t größer 135" und rechts setzen wir die Prüfung des Falls "t kleiner gleich 155" hinein. Diese Anweisung prüft uns also, ob der Wert des Temperatursensors zwischen den beiden Werten 135 und 155 liegt.

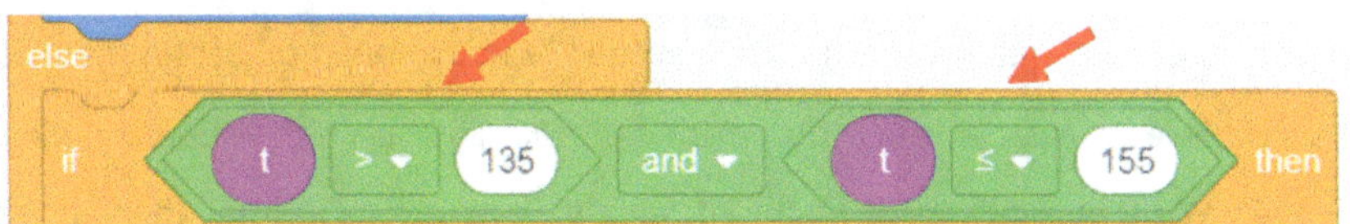

Falls diese Bedingung erfüllt ist, also die Temperatur zwischen 15°C und 25 °C liegt, soll die RGB-LED grün leuchten. Das Beinchen für die grüne Farbe befindet sich ganz rechts und ist in unserer Schaltung an den Pin 6 des Arduino angeschlossen.

Die Vorgehensweise für die weiteren Befehle ist nun identisch zur vorherigen. Wir müssen Pin 6 mit Strom versorgen und die beiden anderen Pins stromlos machen.

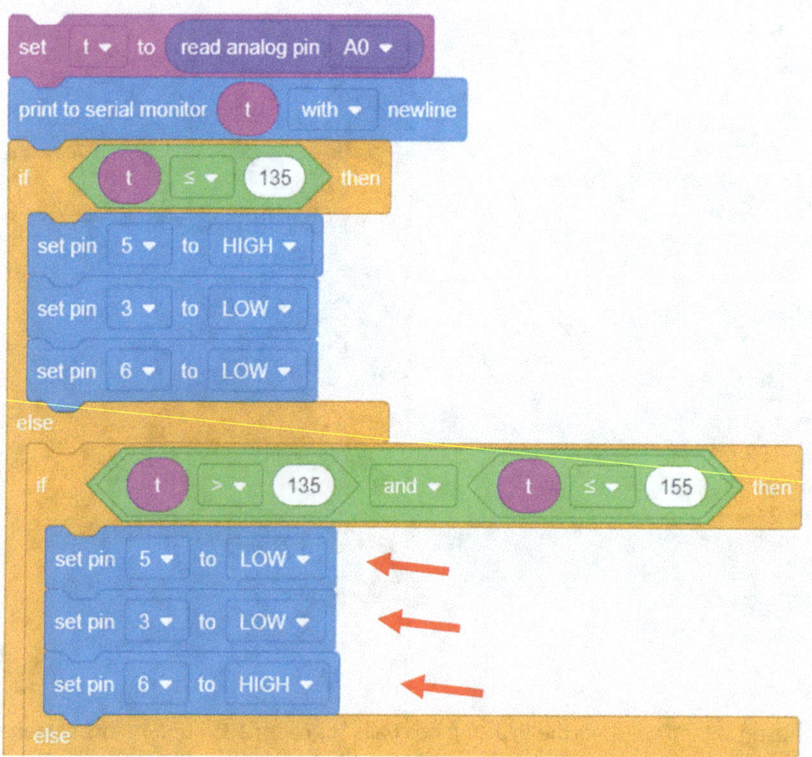

Zuletzt müssen wir noch den verbleibenden Fall betrachten. Hier muss geprüft werden, ob die Temperatur über 25 °C liegt, also ob der Sensorwert über 155 liegt. Falls dies der Fall ist, soll die rote LED leuchten, also das Beinchen, das an Pin 3 angeschlossen ist, mit Strom versorgt werden. Das bekommst du bestimmt alleine hin. Probiere es aus, so lernst du am besten. Die Lösung folgt wiederum gleich. Hinweis: Wir benötigen dafür nochmals eine if-Bedingung. Diesmal aber nur eine einfache.

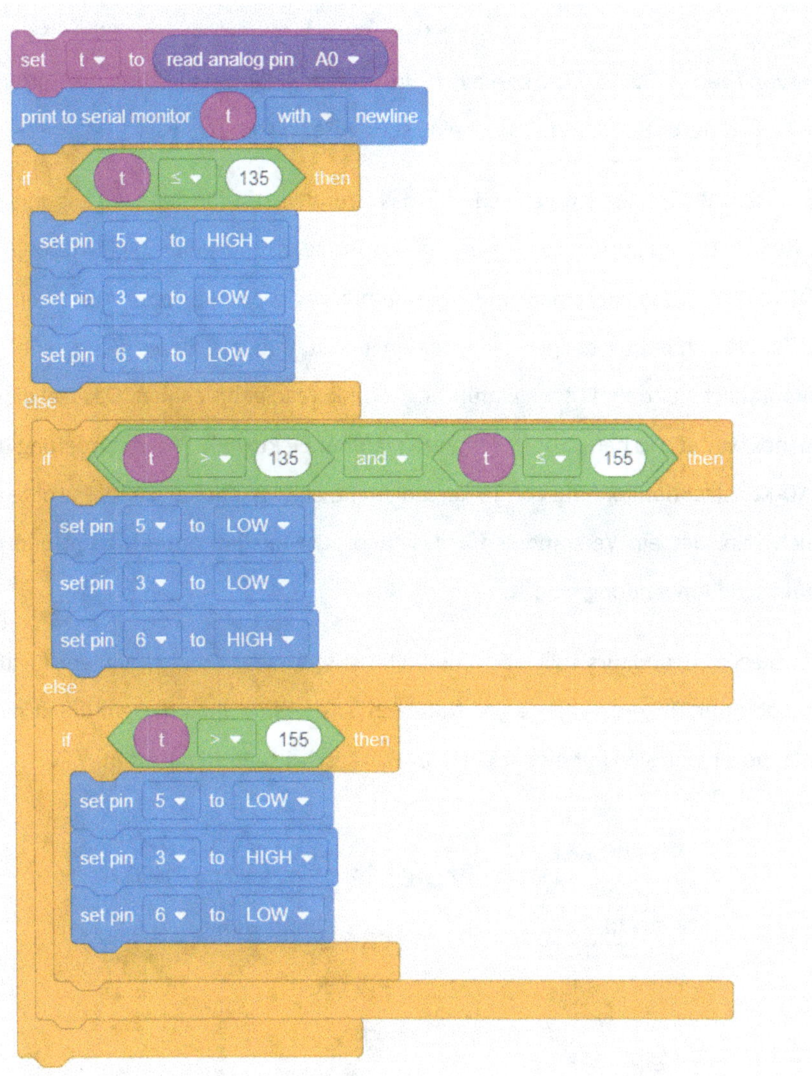

Fantastisch! Jetzt haben wir es geschafft. Du kannst nun auf "Simulation" drücken und mit dem Temperaturregler ausprobieren, ob die Programmierung erfolgreich war. Zudem kannst du dir mit "Blocks + Text" auch den Programmcode anzeigen lassen. Das war doch gar nicht so schwer wie gedacht. Einwandfrei! Mit diesem Kapitel schließen wir diesen Einsteiger-Kurs nun auch ab! Herzlichen Glückwunsch!

Schlusswort

Hervorragend! Du hast es geschafft, du hast den Einsteiger-Kurs zur Software Tinkercad durchgearbeitet. Das ist eine sehr gute Leistung!

In diesem Buch habe ich versucht, dir das Grundwissen für den Umgang mit der Software Tinkercad einfach erklärt näherzubringen und deine Begeisterung für CAD-Konstruktion, Elektronik und Programmierung zu wecken oder zu stärken. Ich hoffe, dass mir das einigermaßen gelungen ist und dir dieses Buch eine gut verständliche und praktische Einführung in Tinkercad gebracht hat. Das Ziel dieses Buches war es, dir näherzubringen, was man mit Elektronik, Programmierung und CAD-Konstruktion mithilfe von Tinkercad am PC alles erschaffen kann. Es sollte ein Buch sein, das ein Verständnis für das theoretische Hintergrundwissen und die praktische Anwendung schafft.

Mit diesem Grundkurs solltest du nun alles wissen, was du als Anfänger für den Umgang mit Tinkercad benötigst! Natürlich ist es sinnvoll an diesem Punkt nicht aufzuhören und sich mit einem Buch für Fortgeschrittene zu befassen.

Zusammen haben wir in diesem Kurs einiges geschafft! Du kannst zu Recht stolz auf dich sein, wenn du bis hierher gekommen bist.

Wenn dir dieses Buch gefallen hat, würde ich mich sehr freuen, wenn du mir eine Bewertung und ein kurzes Feedback hinterlässt sowie das Buch weiterempfiehlst! **Vielen herzlichen Dank!**

Bücher zu Themen, die Ihnen auch gefallen könnten

Alle Bücher sind auf den gängigen Verkaufsplattformen online zu erhalten. Suchen Sie am besten einfach nach dem Titel oder besuchen Sie gerne meine Autorenseite. Einige der Bücher sind unter Umständen noch nicht erschienen und werden erst demnächst erscheinen bzw. zu finden sein. Werfen Sie einen Blick in die Bücher Ihrer Wahl und holen Sie sich diese als E-Books oder Taschenbücher nach Hause!

3D-Druck:

CAD, FEM, CAM (3D-Objekt-Erstellung, Konstruktion, Simulation):

Elektrotechnik:

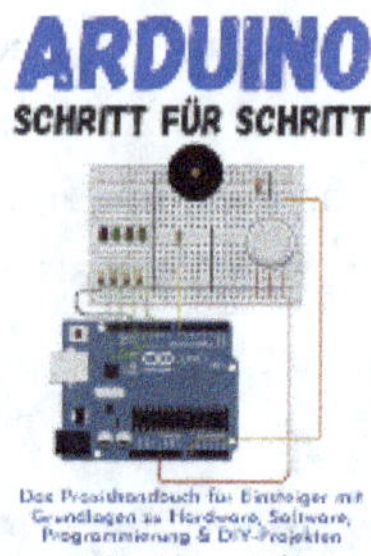

Programmierung und andere Software:

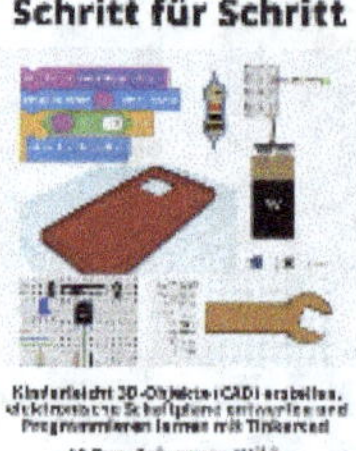

Zu einigen von diesen Büchern gibt es auch identische Videokurse:

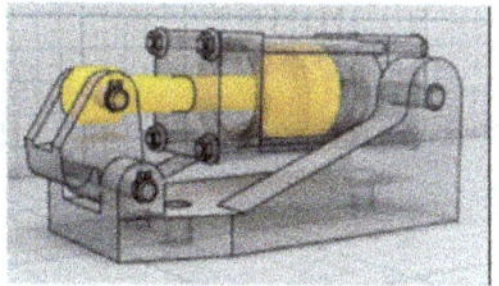

CAD Schritt für Schritt | KONSTRUKTION FÜR EINSTEIGER
Der ANFÄNGER PRAXISGUIDE zum Erstellen von 3D-Objekten mit KOSTENLOSER CAD SOFTWARE für den 3D-Druck und vieles mehr!
M.Eng. Johannes Wild
4,5 ★★★★☆ (30)
1,5 Std. gesamt • 15 Lektionen • Anfänger
Bestseller

Fusion 360 Schritt für Schritt | CAD, FEM & CAM für Anfänger
Der Praxisguide für AUTODESK FUSION 360! Konstruktion, Simulation, Fertigung und mehr von einem Ingenieur lernen.
M.Eng. Johannes Wild
4,3 ★★★★☆ (20)
3,5 Std. gesamt • 24 Lektionen • Anfänger

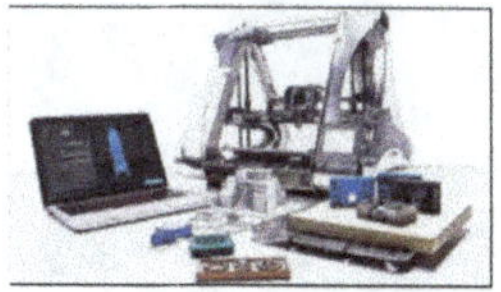

3D-Druck Schritt für Schritt | Hard- & Software All-in-One
Der Praxisguide für Einsteiger. Einfach erklärt für einen Sofort-Start in die Welt des 3D-Drucks! | 2020 Version |
M.Eng. Johannes Wild
4,0 ★★★★☆ (48)
1,5 Std. gesamt • 20 Lektionen • Anfänger

...

Zum Erwerb haben Sie die Wahl zwischen meiner eigenen Website:

www.3ddruckworkshop.de

Mit dem folgenden persönlichen Rabattcode erhalten Sie hier 50% Rabatt auf den regulären Kaufpreis der Videokurse als Dankeschön und Käufer eines meiner Bücher:

XPJN8765BSH

oder der Lernplattform „Udemy":

Suchen Sie auf www.udemy.com nach meinem Namen: M.Eng. Johannes Wild oder nutzen Sie folgenden Link:

www.udemy.com/courses/search/?src=ukw&q=m.eng.+johannes+wild

Schreiben Sie sich noch heute ein und vertiefen Sie Ihr Wissen!

Impressum des Autors / Herausgebers

© 2023

Johannes Wild
c/o RA Matutis
Berliner Straße 57
14467 Potsdam
Deutschland

E-Mail: 3dtech@gmx.de
Kontakt bevorzugt per Mail!

Dieses Werk ist urheberrechtlich geschützt